AU PAYS DE L'ESPIONNAGE

Les Sultans Mourad V.
et Abd-ul-Hamid II

Paul de RÉGLA

PAUL DE RÉGLA

Au Pays de l'Espionnage

LES SULTANS MOURAD V ET ABD-UL-HAMID II

Orné de trois Photographies du Sultan régnant
et d'un Portrait de Mourad V.

PARIS

LIBRAIRIE J. STRAUSS

5, RUE DU CROISSANT, 5

AVANT-PROPOS

Si nous avons pris pour titre de cette triste page de l'histoire de la Turquie : Au Pays de l'Espionnage, c'est que c'est bien là le seul titre que mérite le récit de la gérance de l'empire turc pendant les années qui se sont écoulées de 1876 à 1902.

Deux dates fatidiques dans les annales d'un peuple en voie de décadence !

Au Pays de l'Espionnage !

Est-il, en effet, un titre qui corresponde mieux à l'état actuel de Constantinople et de ses provinces ?

Peut-on mieux qualifier le pays où l'espionnage conduit à tout : aux richesses, aux emplois grassement rémunérés, aux titres, aux honneurs, aux grades militaires les plus élevés et à la haute bienveillance du Chef de l'Etat?

En donnant ce titre au travail que nous publions

1*

pour faire suite à La Turquie officielle, *au-Bas-fonds de* Constantinople *et à nos autres volumes sur l'histoire de l'Empire ottoman, nous avons la prétention de faire acte d'historien, sans parti-pris.*

Qu'on en juge :

*
* *

L'espionnage, véritable fantôme de sécurité pour les gouvernements occidentaux, arme de précision très douteuse pour la garantie des pays européens, plus ou moins modernisés, l'espionnage, qui, en somme, ne répond à rien, ne préserve ni la vie des Empereurs, ni celle des Rois, ni celle des Présidents de République, l'espionnage, comme tout ce qui en découle, n'a de sanction officielle et ne peut-être populaire que dans les deux pays les plus autocratiques du monde.

Nous avons cité la Russie et la Turquie !

Nous n'avons pas à nous occuper ici de ce qu'est cette honteuse plaie en Russie.

Engin de combat contre le nihilisme et les convulsions révolutionnaires d'une plèbe écrasée par une aristocratie trop souvent hautaine et sans pitié, l'espionnage est, dans le vaste empire du Nord, aussi méprisé que dans les autres états européens.

C'est un instrument dont on se sert et qu'on met

impitoyablement de côté quand on n'en a plus besoin.

A ce triste métier on peut acquérir en Russie plus ou moins d'or, mais il y a peu d'exemples qu'il conduise aux dignités et aux honneurs !

Si l'on voit rarement un policier secret parvenir à une haute situation en pays occidentaux et en Russie, il n'en est pas de même en Turquie.

Là, le métier, très bien porté, conduit aux plus lucratives, aux plus hautes, aux plus enviées des situations.

Il est bien entendu que, par le mot « espionnage » nous n'entendons pas parler du fonctionnement de la police proprement dite : cette police, qu'elle soit ou non municipale, ayant été créée pour la sauvegarde des particuliers et le maintien de l'ordre dans la rue, n'a rien à voir dans ce que nous étudions ici ; si elle est devenue formidable dans certains pays, et notamment en Turquie, ce n'est que par le choc qui résulte du heurt de la souffrance et de la jouissance, de la pauvreté et de la richesse, de l'ouvrier et du maître, de celui qui a faim et de celui qui est repu, du libertaire et du despote que tout épouvante et qui, volontiers, prendrait son ombre pour un assassin.

De cette police qui, en somme, vit un peu en Orient, comme l'espionnage secret, des complots qu'elle crée de toutes pièces, de cette police qui, pas plus que l'autre, n'a jamais su garantir ni un empire de la révolution, ni un souverain de la balle ou du poignard d'un conspirateur, de cette police nous ne parlerons qu'au fur et à mesure des besoins de notre travail.

.

L'espionnage politique a atteint en Turquie, sous le règne du sanguinaire Abd-ul-Hamid, surtout depuis l'époque où nous avons écrit La Turquie officielle, la hauteur de la plus épouvantable et de la plus monstrueuse des institutions.

Il est parvenu à de telles proportions dans ce pays, où la nature est si belle et beaucoup d'hommes si vils et si plats, qu'il dépasse de mille coudées tout ce que l'imagination la plus ardente peut concevoir.

Il a englobé tout le pays dans ses filets et ses honteuses pratiques.

A l'heure actuelle, il n'est pas un grand personnage du palais impérial d'Yildiz-Etoile — qui ne lui doive sa fortune et son élévation !

A Constantinople même, l'espion se rencontre partout. Il se glisse dans toutes les sociétés, dans les ambassades, les consulats, les mosquées, les *lieux de réunions tels que cafés, hôtels, clubs, etc.*

Quant aux grandes administrations, elles en sont farcies.

Et rien ne nous dit que le sultan actuel ne soit pas lui-même l'espion du lypémane qui règne sous le nom d'Abd-ul-Hamid Khan II, dit le VICTORIEUX, pour avoir perdu la moitié de son empire et n'avoir gagné aucune bataille.

Ici nous entendons le lecteur crier à l'exagération, au parti-pris.

Eh bien ! non. Il n'y a rien d'exagéré dans ce que nous disons : Les faits, plus éloquents que nous, prouveront, irréfutablement, qu'en nous exprimant ainsi nous restons encore au-dessous de la réalité.

* *
* *

Mais, nous devons le reconnaître, l'espionnage ne comporte pas en Turquie l'écœurante signification que nous attribuons en France à cette malpropreté morale.

Pour les peuples, de communions diverses, qui vivent en Turquie sous le sceptre des descendants d'Othman, la morale est aussi onduleuse que bizarre et certains actes, blâmés par nous, Français, passent, là-bas, pour des choses très ordinaires, n'impliquant, en fait, aucun blâme.

L'espionnage appartient à cet ordre de choses.

Cette action est, sur les bords du Bosphore, une profession si ordinaire, si banale, quelquefois si bien portée, qu'elle semble toute naturelle ; en dehors, comme certains commerces de chair humaine, du mépris qu'elle comporte dans les nations civilisées.

C'est un problème de psychologie pratique. Rien de plus.

* *

Un ancien consul, diplomate de mérite, connaissant très bien la Turquie et son administration, possédant sur le bout des doigts les rouages qui vivifient Constantinople, nous disait, en déjeunant au « Pera palace hôtel » :

— La moitié de Constantinople espionne l'autre.

Eh bien ! en s'exprimant ainsi, notre ami retardait d'une dizaine d'années.

Ce qui était vrai à cette époque, ne l'était plus au moment où notre ancien consul nous disait cela, regardant, en souriant finement, les quatre espions, dont un général de division, s'il vous plaît, que la camarilla d'Yildiz avait attachés à nos pas, sous le délicieux prétexte de veiller à la sécurité de notre personne !

Nous disons que notre ami retardait de dix

années, parce que, s'il en était effectivement ainsi à l'époque où nous publiâmes notre premier volume sur Constantinople, les choses ont depuis marché d'un tel pas, que ce qui était exact alors, ne l'était plus à ce moment, c'est-à-dire dans le courant d'octobre 1900.

Pour être à la hauteur de la marche de l'espionnage constantinopolitain, notre convive aurait dû dire :

La moitié de Constantinople espionne l'autre par intérêt, par ambition, pour vivre le plus largement possible aux dépens de ses dupes et de ses victimes ;

L'autre moitié espionne la première par crainte, par terreur, par lâcheté, pour ne pas être victime et pour essayer d'assurer sa sécurité.

Chez les premiers, c'est de l'offensive ; chez les seconds, de la défensive.

Ce qui fait que, tout bien compté, le monde Turco-Levantin, par intérêt ou par poltronnerie, s'espionne réciproquement.

Si nous ajoutons à ce monde Turco-Levantin, monde des plus étranges par ses individualités, un certain nombre d'européens appartenant aux différentes colonies établies dans le pays, nous aurons un tableau, synthétique, mais suffisant, de ce qu'est devenu l'espionnage sous le règne du néfaste sultan que *Gladstone a si énergiquement qualifié,* Urbi et Orbi, *du titre, peu glorieux de :* « Grand Assassin ».

Mais, il faut bien le constater, et le crier bien haut, l'Europe entière, sans exception, a encouragé le triste empereur d'Yildiz dans son rôle d'agent décompositeur du bon renom de la nation turque. En ne faisant rien pour l'arrêter dans cette voie d'espionnage général et de décomposition sociale, elle s'est rendue sa complice et l'a aidé à commettre les épouvantables massacres que tout le monde connaît.

*⁎
⁎ ⁎*

Un vieux et brave turc, au courant des affaires du Palais, c'est-à-dire du seul endroit où se traite, en dernier ressort, tout ce qui touche au gouvernement de l'Empire, disait dernièrement à un de nos amis :

« Le Sultan nous engage bien à suivre notre religion pour nous relever et relever notre pays, mais il a corrompu et corrompt encore toute la classe dirigeante en ne récompensant que l'espionnage, le mensonge et la prévarication ! Dans ces conditions, que pouvons-nous faire ? »

Que dire après une telle déclaration ? qu'écrire de plus énergique que cette constatation faite par un bon musulman, fidèle sujet du triste Sire qui présside, si lugubrement, à la ruine et à la décomposition de ce qui lui reste du vaste empire de ses pères ?

*
* *

Nous avons dit plus haut que tout semblait encourager ce blême monarque dans la voie où il s'est de plus en plus engagé depuis le jour, où, le premier parmi les écrivains de ce temps, nous l'avons montré sous son véritable caractère de despote lypémane, rancunier, poltron, avare et faible, malgré une énergie apparente, et cela, à l'époque où nous avions tout à redouter d'une Presse vénale, toujours prête à vendre ses critiques et ses éloges à qui dispose des fonds secrets.

Et Dieu sait si, alors, la manne tombait abondante sur ces journaux !

Qui donc, en effet, parmi les gouvernements occidentaux a fait entendre des paroles d'indignation et de colère au néfaste accapareur du trône de Mourad V ?

Quel homme d'état, en dehors de Gladstone, s'est élevé contre le massacre des Arméniens ?

Et si Gladstone lui-même s'était trouvé au pouvoir au moment de ces tueries, se fût-il, comme premier ministre, exprimé avec la juste sévérité que l'on connaît ?

Le Tzar Nicolas, l'ami si vanté de la France, le promoteur si célébré des parlotages *de la Haye, dont le plus évident résultat fut le blanc-seing donné à l'Angleterre pour sa monstrueuse guerre sud-africaine, s'est-il, une seule fois, montré le défenseur de tant de victimes, victimes dont plusieurs étaient alliées à ses sujets de l'Arménie russe ? Ses ambassadeurs ont-ils fait entendre à Yildiz leur voix en faveur des vieillards, des femmes, des enfants égorgés sur l'ordre d'Abd-ul-Hamid Khan II... le victorieux ?*

Et l'empereur Guillaume, ce noble ami d'Abd-ul-Hamid, ce Lohengrin moderne des bords de la Sprée, a-t-il cru devoir présenter des observations à son frère des bords du Bosphore, à ce frère impérial qu'il comble de cadeaux pour mieux en soutirer les avantages utiles au commerce et à l'influence allemande ?

Et nous-mêmes, et cette France vers laquelle les peuples opprimés adressaient jadis leur suprême appel, sachant bien qu'on ne lui demandait jamais en vain protection et aide, la France, cette grande amputée, a-t-elle jamais essayé d'intervenir énergiquement, comme elle l'eût fait au temps où un diplomate italien disait de son influence :

— Quand la France est enrhumée, l'Europe se mouche.

Ce qui n'était pas autre chose qu'une réminiscence de la fameuse boutade du prince de Metternich soutenant, dans son langage imagé et... naturaliste, que :

— Quand la France se purge l'Europe court aux... cabinets !

Hélas !

Qu'elle le veuille ou non, par égoïsme, par veulerie, par jalousie, ou par impuissance, l'Europe s'est rendue complice du blême et « Grand Assassin » qui règne à Yildiz.

Il est vrai qu'il n'existe plus d'Europe, dans le sens généreux du mot, depuis l'année néfaste de 1871 ; depuis l'année bénie de nos politiciens modernes.

*
* *

Quand l'histoire burinera sur ses tablettes d'airain les sanglantes tragédies qui se déroulèrent à la fin du XIX° siècle et au début du XX°, elle n'aura qu'à écrire ces deux mots pour les résumer :

La Turquie fut misérable sous le joug d'un Sultan monomane ; mais l'Europe fut lâche et

*coupable : Pendant qu'elle laissait écraser les glo-
rieux Boers par l'insatiable Angleterre, elle en-
voyait ses généraux et ses hommes d'état aduler
et encenser l'horrible Sultan, promoteur du massacre de trois cent mille de ses sujets chrétiens (1).*

*
* *

Mais revenons au vif de notre œuvre :

*Quand nous avons publié notre Turquie officielle,
force nous a été de glisser sur plus d'un sujet.
Nous étions alors tenu par le devoir de ne pas
compromettre de puissants personnages, encore au
pouvoir ou en vie. Mais, avec le temps et les événements, bien des situations se sont modifiées ; plusieurs
de nos amis sont morts, d'autres ont quitté la
Turquie pour ne pas suivre les premiers dans leur
tombe anticipée ; d'autres ont disparu, sans laisser
de trace.*

*Dans ces conditions, on comprendra sans peine
que, n'ayant plus la crainte de nuire aux uns et
aux autres par nos révélations inédites, dont les*

---

(1) Au jubilé qui a eu lieu à Constantinople le 1er septembre 1900, la France, l'Angleterre, la Russie, l'Italie,
l'Allemagne, la Roumanie, la Perse et les États-Balkaniques,
se sont fait représenter, en plus de leur ambassadeur, par des
amiraux, des généraux, des princes et autres personnages de
moins d'importance.

sources seront vite connues à Yildiz, nous n'hésitions plus à faire acte d'historien bien informé en disant tout ce que nous savons.

Or, tout ce que nous savons, malgré ce que nous avons déjà dévoilé dans nos publications précédentes — publications si reproduites, si pillées, — est aussi considérable qu'épouvantable !

N'ayant aujourd'hui à compromettre que nos intérêts et notre personne, nous irons carrément de l'avant, estimant, quoique en disent certains trembleurs, toujours prêts à tourner le dos à la vérité, que cette dernière doit toujours présider aux écrits d'une plume sincère et indépendante.

*
* *

C'est donc une œuvre inédite et nouvelle, en dehors de tout ce qui a été publié jusqu'à ce jour sur le gouvernement et la personne d'Abd-ul-Hamid, que nous présentons à nos anciens et nouveaux lecteurs.

Les membres du gouvernement Yildizien qui nous liront, verront qu'il était parfaitement inutile de cacher notre dernier séjour en Turquie en défendant aux journaux français, anglais, grecs, turcs, arabes, etc., etc., d'annoncer notre arrivée et notre présence au Péra palace hôtel.

Ils verront que, malgré cette défense et malgré

nos chers espions, nous avons vu beaucoup d'opprimés et de mouradistes, entendu beaucoup de plaintes et... d'espérances.

Ils connaîtront également les dessous de l'esclandre burlesque qui se produisit à la représentation donnée au théâtre d'Yildiz par la troupe française d'opérette des Petits-Champs, dont l'étoile était la charmante et talentueuse Jeanne S...

Ils sauront, enfin, que, le « journaliste français bien connu », dont ont parlé presque tous les journaux français et étrangers, n'était autre que l'auteur de :

Au pays de l'Espionnage.

Les Sultans Mourad V et Abd-ul-Hamid II.

Au Pays de l'Espionnage

CHAPITRE PREMIER

Coup d'œil général sur la fin du règne d'Abd-ul Aziz et
l'avènement au pouvoir du prince Mourad.

Si l'histoire de l'Empire ottoman a toujours été
fertile en événements tragiques, il faut reconnaître
qu'il en est peu qui aient atteint en intensité et en
gravité ceux qui se sont produits de 1875 à 1878.

Ces événements, conséquence d'une série d'erreurs
dont l'origine remonte aux règnes de Mahmoud II
et d'Abd-ul Medjid, sont dominés par trois grands
faits :

La chute d'Abd-ul Aziz I; la déposition de
Mourad V et l'avènement d'Abd-ul Hamid II.

Chacun de ces faits renferme une tragédie qui, pour être impériale, n'en est pas moins épouvantable.

C'est dans le récit rapide des deux premiers événements que nous trouverons plus tard l'explication de la politique toute personnelle d'Abd-ul Hamid.

Ainsi que nous l'avons dit, dans notre *Turquie officielle*, Abd-ul Aziz semblait absolument maître de son empire quand éclata la révolution qui devait le renverser.

Cette révolution avait été retardée par l'influence de deux grands hommes d'Etat : Ali et Fuad pachas, tour à tour Grand Vézir et ministre des affaires étrangères.

Mais quand ces deux diplomates eurent disparu de la scène politique, dans la plénitude de leur prestige gouvernemental, il fut facile de se rendre compte de la largeur du précipice préparé, malgré leurs efforts contraires, par Abd-ul Aziz et ses courtisans.

Par une de ces fatalités que l'histoire enregistre, sans pouvoir toujours les expliquer, ce fut Ali pacha qui, en s'éteignant en 1872, après avoir lutté jusqu'au bout contre les agissements impolitiques et dangereux de son maître, lui légua l'homme dont la néfaste influence devait amener

Le prince MÉHÉMET MOURAD EFFENDI.

l'écroulement du système qu'il avait défendu si énergiquement avec son collaborateur Fuad pacha.

Cet homme était Mahmoud-Nédim pacha.

Son Grand-Vézirat ne fut en effet qu'un sacrifice continuel aux exigences d'Abd-ul Aziz, et à l'influence de l'ambassadeur russe.

Trois années ne s'étaient pas écoulées depuis son avènement au pouvoir que tout commençait à s'effondrer dans l'empire.

L'apparition de quelques insurgés Herzégoviniens dans les environs de Stolatz, devait amener, dès le mois d'août 1875, la crise dont le développement et l'acuité produisirent, avec le mouvement insurrectionnel bulgare, prélude des massacres qui mirent le feu aux quatre coins des Balkans, la guerre russo-turque.

Pendant que le Grand Vézir Mahmoud-Nédim pacha s'enrichissait, en cédant à toutes les exigences d'Abd-ul Aziz; pendant que, reconnaissant l'indépendance de l'Eglise bulgare, il s'efforçait de mériter en tout et pour tout la confiance du général Ignatieff, le *Commandeur des Croyants* continuait à avoir sur sa puissance, la richesse de ses trésors et la grandeur de ses ressources, les malheureuses illusions qu'entretenait trop bien son entourage de courtisans.

Affolé de constructions plus coûteuses les unes que les autres ; dépensant sans compter, jetant l'argent à pleines mains pour satisfaire ses caprices ; se fiant beaucoup trop à sa force physique et à la puissance de son autorité, Abd-ul-Aziz, malgré l'assurance hautaine qui semblait s'être incarnée dans son esprit, marchait à grands pas vers la sanglante catastrophe dont les suites devaient ébranler si profondément les bases de l'empire ottoman.

Jamais, en effet, la Turquie ne s'était trouvée dans une phase aussi difficile.

La ruine semblait imminente ! Depuis deux mois la banqueroute était déclarée. La révolte, comme une tache d'huile qui va sans cesse en s'agrandissant, était partout.

Et, signes précurseurs des grandes tempêtes, les rumeurs les plus étranges circulaient dans toutes les classes de la société turco-levantine.

La Bulgarie succombait sous le sabre des terribles Bachibouzouks que le Grand Vézir Mahmoud avait commis la faute de lancer sur elle au lieu et place de l'armée régulière.

La Serbie et le Monténégro allaient déclarer la guerre.

Présage plus grave, les puissances européennes

ne croyant plus le gouvernement turc capable de maintenir l'ordre chez lui, le froissaient cruellement dans son orgueil en lui dictant sa conduite envers ses sujets chrétiens.

La Russie préparait dans l'ombre, ombre pourtant bien transparente, les événements qui devaient se terminer par la terrible guerre que tout le monde connaît.

Au milieu de cet horizon si menaçant, les dilapidations continuaient de plus belle — ainsi que les combats de coqs et de béliers — et, seuls, au sein de tous ces orages, le Sultan et ses créatures conservaient leur superbe et méprisante tranquillité.

Et pourtant la dette publique avait augmenté de plus de trois milliards et demi en moins de onze années. Elle s'était élevée de 375 millions de francs à plus de 4 milliards.

La dette flottante atteignait près d'un milliard.

Aux emprunts avaient succédé de nouveaux emprunts.

Et de toutes ces sommes fabuleuses un quinzième à peine avait été employé, ainsi que cela se passe encore sous le règne actuel, pour le bien et l'utilité de la nation.

Abruti par les plaisirs matériels du harem, rendu insensé par l'exercice d'un pouvoir sans contrôle et sans limite, le Sultan avait gaspillé le reste.

Comme aujourd'hui à Yildiz, un monde de cour-tisans, de fainéants, d'adulateurs, d'espions et d'in-fâmes favoris, s'engraissait des dilapidations de leur maître.

Tout était livré au désordre et aux caprices des créatures du palais, toujours en luttes d'in-fluences et de prestiges, absolument encore comme aujourd'hui, avec les ministères et les rouages de la machine gouvernementale de la Sublime Porte.

Mais l'or circulait dans Galata, dans Péra et dans Stamboul! Des marchands, fournisseurs du Palais et des harems, faisaient de rapides et de scanda-leuses fortunes. . . . .

Pour eux, et pour plus d'un pacha et d'un bey, la vie était large et facile.

En revanche, l'armée n'était pas mieux payée qu'elle ne l'a été depuis; le peuple et les cultiva-teurs gémissaient sous la pression des lourdes charges qui n'ont cessé d'aller en augmentant.

Mais, si la misère des couches profondes du monde turc contrastait péniblement avec le luxe hautain et insolent de la couche supérieure, qu'est-ce que cela pouvait bien faire aux créatures du Sultan?

Tout ne paraissait-il pas pour le mieux dans cet étrange monde ?

Au milieu de ces illusions, de ces orgies, confinant à l'hystérie, la partie saine de la population musulmane, — les imans, les softas ou étudiants en théologie, les marchands honnêtes, etc., n'hésitaient pas à manifester le mécontentement si longtemps contenu.

Une première explosion de ce mécontentement se produisit et aboutit au renversement et à l'exil de Mahmoud-Nédim pacha, l'auteur responsable des massacres de la Bulgarie.

Dès le mois de mai 1876, quelques semaines après la chute du Grand Vézir, des rumeurs sinistres circulaient dans les quartiers de Péra-Galata. Il n'était question que de massacres prochains et de pillages.

On s'attendait à de graves événements, sans qu'il fût possible de rien préciser.

Les choses en étaient là, quand, le 30 mai 1876, les Constantinopolitains furent brusquement réveillés, dès 6 heures du matin, par des salves d'artillerie.

Pour le coup la panique arriva à son comble, et on ne peut prévoir ce qui serait arrivé, si des crieurs publics, en grand nombre, n'étaient venus calmer les alarmes de la population en annonçant *urbi* et *orbi*, la déposition du Sultan Abd-ul Aziz et l'avènement de son neveu : le sympathique et le bien-aimé Mourad V.

La révolution, redoutée par les uns, désirée par les autres, était un fait accompli.

Le premier acte de la tragédie qui devait emporter Abd-ul Aziz était joué.

CHAPITRE II

—

LES TROIS MOIS DU RÈGNE DE MOURAD V

—

L'avènement au Trône. — La mort d'Abd-ul-Aziz. — La maladie de Mourad V. — Les agissements d'Abd-ul-Hamid. — La déchéance et ses conséquences.

———

La révolution qui avait porté le prince Méhémet Mourad effendi sur le trône de la Turquie, avait été rapidement préparée par le successeur au Grand-Vézirat de Mahmoud-Nédim pacha ; Méhémet-Ruschid pacha et par ses collègues Hussein-Aveni pacha, ministre de la guerre, Midhat pacha, ministre de la justice et de l'intérieur, Ahmed-Kaïfferli pacha, ministre de la marine et le *Cheikh-ul-Islam*, Hassan-Haïrullah, le chef des ulémas chargé d'expliquer et d'interpréter le Coran (1).

(1) Voir la Turquie officielle pour tous les détails que nous croyons superflus de redonner ici.

Le Cheikh-ul-Islam avait donné, par son fetva (1), la sanction religieuse au projet du détrônement d'Abd-ul-Aziz.

Comme ce fetva serait aujourd'hui parfaitement applicable au Sultan régnant, nous allons le reproduire textuellement :

Les ministres avaient adressé au Cheikh-ul-Islam la demande qui suit :

« Si le Commandeur des Croyants tient une conduite « insensée et s'il n'a pas les connaissances politiques exi- « gées pour gouverner ; s'il fait des dépenses personnelles « que l'empire ne peut supporter, si son maintien sur le « trône doit avoir des conséquences funestes, faut-il *oui* ou « *non* le déposer ? »

Et le chef des ulémas avait répondu :

« Le *Cheri'at* — loi religieuse — dit *oui*. »

Ainsi que nous l'avons expliqué ailleurs, tout indique que Mourad fut surpris par la rapidité de l'événement et par la façon, assez brutale, avec laquelle le Séraskier, ou ministre de la guerre, vint le tirer de son conak pour le conduire au minis- tère même où il allait être proclamé Sultan.

(1) Décision basée sur le Coran et le droit musulman.

Pendant que Mourad se rendait au *Séraskiérat* (1), Rédif pacha pénétrait au palais de Dolma-Bagtché, faisait réveiller le sultan Abd-ul-Aziz qui dormait profondément, car il était deux heures du matin, et lui annonçait sa déchéance.

A l'ordre qui lui fut donné de se rendre lui et les siens au vieux palais de Top-Capou, Abd-ul-Aziz entra dans un accès de fureur indescriptible; mais quand il vit que toute résistance était inutile, il courba la tête et murmura :

— Que la volonté d'Allah s'accomplisse !

Après avoir fait réveiller sa mère et ses enfants, il se laissa conduire au caïque qui l'attendait.

Ce fut en s'embarquant qu'il s'écria :

— Si j'avais su quelle plante était ce Mourad, je l'aurais arrosé avec du poison.

Ceci se passait le 30 mai 1876.

Le règne de Mourad commença sous les auspices les plus heureux. Rarement un avènement au trône provoqua un tel enthousiasme et une telle stupeur.

Les amis du progrès et du relèvement de la Turquie ne se contenaient pas de joie.

Quant au parti vieux turc, froissé par tout ce que

(2) Ministère de la guerre.

Mourad avait d'européen et de moderne, il ne laissait pas que de se montrer stupéfait et hésitant.

Les promenades à cheval ou en voiture que Mourad V faisait dans les rues de Constantinople, presque sans escorte, saluant de la main la foule qui l'acclamait comme jamais souverain ne l'avait été, produisaient sur ces vieux turcs un véritable ahurissement·

Méhémet Mourad, né le 21 septembre 1840, âgé de deux ans de plus que son frère Abd-ul-Hamid, avait donc 36 ans quand il parvint au trône des Ottomans.

Elevé soigneusement par son père, le sultan Abd-ul-Médjid, qui lui avait fait donner une éducation et une instruction plus européenne que turque, le nouveau sultan, salué dès les premiers jours de son règne du titre de : *Mourad le réformateur*, paraissait destiné à compléter l'œuvre transformatrice de son auguste père, œuvre qu'il résumait ainsi :

« Je voudrais, disait-il à ses familiers, garder du passé ce qui est bon et régénérer mon peuple en le plaçant, suivant ses aptitudes, sur la voie du progrès parcouru par les autres nations depuis le jour où nous avons cessé d'être un peuple conquérant. La Turquie a dormi près de deux siècles dans ses vieux errements, et, pendant qu'elle se plongeait de plus en plus dans sa nuit du moyen-âge, se laissant corrompre progressivement par les vices des peuples qu'elle a soumis, vices qui lui faisaient perdre les qualités viriles et honnêtes qui avaient assuré sa prépondérance, elle ne voyait pas, ma pauvre Turquie, qu'un nouveau phare s'élevait à l'horizon, inondant de ses lumières tous les peuples dont les regards étaient tournés vers lui. Ce phare continuait Mourad, ce soleil, c'est le progrès, c'est l'esprit humain toujours actif, toujours en travail d'enfantement, porté vers l'avenir par le besoin de tout ce qui est beau, de tout ce qui est bon, de tout ce qui est utile. Je sais que ma tâche sera lourde, très-difficile, mais qu'importe ! »

Mourad s'était toujours élevé contre tout coup de main révolutionnaire pouvant lui frayer une voie rapide, mais sanglante, vers la haute magistrature à laquelle le destinaient sa naissance et ses droits.

Il avait en horreur le parjure et le sang.

Le nouveau sultan donna des ordres formels pour qu'aucune atteinte ne fut portée au bien-être et à la vie de son oncle Abd-ul-Aziz.

Celui-ci lui avait adressé une lettre touchante

dès son arrivée non au Sérail de Top-Capou, mais au palais de Tchéragan ; et cette lettre, qui avait profondément remué l'excellent cœur de Mourad, lui avait fait engager sa parole : La vie d'Abd-ul-Aziz serait sacrée, et lui et les siens jouiraient de tous les avantages inhérents à leur situation et à leur rang.

On doit comprendre dans ces conditions quel fut le véritable désespoir du nouveau Sultan quand on vint lui anoncer la mort tragique de son successeur.

Douloureusement et profondément frappé par cette sinistre nouvelle, il s'exprima dans des termes qui témoignent hautement de sa pensée qu'il y avait eu crime et non suicide.

Malgré le certificat médical que dix-sept médecins avaient signé (1), Mourad V n'hésita pas à

(1) Entre la mort et les funérailles d'Abd-ul-Aziz il ne s'est écoulé que 8 heures. Le rapport médical a été signé à 11 heures du matin, deux heures après le tragique événement.

Il a la prétention d'établir les trois points suivants.

« 1° La mort de l'ex-sultan a eu pour cause l'hémorragie produite par les coupures des veines aux plis du bras. — *quel bras* ?

« 2° L'instrument qui nous a été montré peut parfaitement produire les blessures sus-mentionnées. *Quel instrument* ?

« 3° La direction et la nature de ses blessures, ainsi que

accuser le Séraskier Hussein-Aveni pacha. Il écouta, comme un conte fait pour donner le change, le récit qu'on lui fit du suicide de son oncle en ne lui épargnant aucun détail. Furieux et tourmenté par l'idée que l'Europe pouvait le considérer comme complice de cet acte barbare, il s'écria les larmes aux yeux :

— Quel affreux malheur !... mes ministres m'ont couvert de honte !... Je lui avais promis que personne n'oserait attenter à ses jours... Ces brutes l'ont assassiné !... Quelle horreur ! Quelle abomination !...

La secousse qu'il éprouva fut terrible.

Elle contribua puissamment à l'aggravation de la neurasthénie dont le malheureux sultan était atteint depuis quelques mois.

Cette neurasthénie, dont il est temps que nous parlions, avait pris naissance dans la réclusion à laquelle l'avait condamné Abd-ul-Aziz, après la

l'instrument au moyen duquel elles auraient été effectuées, nous font conclure à un suicide. »

Ces mots « auraient été effectuées », ne vous laissent-ils pas rêveurs ?

Quel étrange rapport ! et quelles plus étranges conclusions !

O pauvre science médicale, que d'erreurs et que de turpitudes se permettent certains de tes disciples !

fameuse manifestation des *Softas* contre le vézirat de Mahmoud-Nédim pacha.

Pour réagir contre ses ennuis et les souffrances morales qui résultaient des soupçons injustes de son oncle, Mourad avait cherché dans l'usage du champagne et des boissons alcooliques la réaction dont il avait besoin.

Mais, contre l'opinion de plusieurs auteurs, nous pensons qu'il n'y eut dans cet usage un peu exagéré de boissons, qu'une cause accidentelle, très secondaire, du trouble des fonctions de son système nerveux.

C'est dans la nature de son tempérament très artistique (1) et dans sa grande sensibilité qu'il faut chercher la cause réelle d'une neurasthénie analogue à celle d'un grand nombre de nos artistes, de nos écrivains et de nos compositeurs.

Si, à la réclusion dont nous avons parlé, nous ajoutons les émotions violentes de la nuit de son avènement, la terrible secousse ressentie en apprenant le décès de son oncle et le travail excessif auquel il se livra dès son arrivée au pouvoir, nous

---

(1) Mourad est plus qu'un pianiste distingué ; nous avons de lui des compositions musicales inédites dignes, par l'harmonie, la texture et le brillant coloris, de la plume de nos meilleurs maîtres.

aurons suffisamment de causes pour expliquer, sans avoir recours aux ivresses alcooliques, la surexcitation qui, du système nervoso-spinal, se porta au cerveau, et produisit l'état mental, assez grave, mais momentané, dont son frère Abd-ul-Hamid devait se servir pour parvenir au trône.

L'Europe, dont les chancelleries avaient été surprises par la déposition d'Abd-ul-Aziz, accueillit favorablement l'avènement de Mourad V.

Quand nous disons l'Europe, nous sommes un peu absolus, car il n'en fut pas de même de la Russie, qui, en perdant Abd-ul-Aziz, perdait le principal atout que tenait dans ses mains le général Ignatieff.

Le nouveau Sultan était trop libéral et trop français pour la politique autoritaire et absolue du Tzar Nicolas.

Malgré tout ce qui a été dit et écrit sur la mort tragique d'Abd-ul-Aziz, dont Midhat pacha, Damat-Mahmoud pacha et les membres du triumvirat qui porta Mourad au pouvoir, furent plus tard accusés et déclarés coupables, il paraît certain que, si on peut exclure Midhat pacha de cette accusation, il n'en reste pas moins acquis qu'Abd-ul-Aziz fut *suicidé* ainsi que l'annonça, fort spirituellement, un journal français : « *le Gil Blas* ».

Les auteurs partisans du suicide réel s'appuient beaucoup sur une phrase qu'aurait prononcée Abd-ul-Aziz quand on lui annonça la bataille de Sedan et la capture ou plutôt la reddition de Napoléon III.

— Comment, se serait écrié ce souverain, Napoléon, au lieu de se rendre, n'a-t-il pas mis fin à son existence de vaincu ? A défaut d'armes, aurait-il ajouté, une paire de ciseaux lui suffisait pour s'ouvrir les veines.

Mais ce propos, qui aurait été tenu le 3 septembre 1870 devant Ali pacha, et que celui-ci aurait répété à la Sublime Porte devant plusieurs fonctionnaires, ne constitue-t-il pas un de ces propos que l'on prête aux souverains et aux hommes d'Etat, sans que ces derniers les aient prononcés ?

Certes, il était bien dans la nature courageuse d'Abd-ul-Aziz ; mais, ne sait-on pas que le suicide est encore plus défendu dans la religion musulmane qu'il ne l'est dans les religions chrétiennes ?

D'autre part, la touchante lettre qu'Abd-ul-Aziz avait adressée à son neveu au lendemain de son transfèrement au palais de Tchéragan, lettre qui avait été suivie de la promesse formelle que nous connaissons, ne constituait-elle pas l'acceptation par l'ex-Sultan du sort que la destinée lui avait imposé?

Or, *la destinée* n'est-elle pas pour le Musulman la suprême raison devant laquelle chacun sait s'incliner, sans murmurer ?

Mais, à part ces considérations philosophico-religieuses, dont la valeur est considérable pour qui connaît le monde musulman, il est des points de repère qui détruisent la légende du suicide.

Parmi ces points, nous citerons l'opinion d'un des hommes dont l'action a été des plus considérables pendant les vingt-cinq années qui se sont écoulées depuis l'intronisation de son lugubre client : Abd-ul-Hamid.

Nous voulons parler de Mavroyeni pacha, le médecin particulier et l'ami du sultan régnant.

Pour ce haut personnage, dont la carrière touche à sa fin (1), Abd-ul Aziz aurait été bel et bien assassiné par l'ordre des ministres auteurs du coup d'état qui renversa ce Sultan.

Il nous montra, un jour que nous longions en caïque le palais de Tchéragan, une fenêtre située au rez-de-chaussée, sur la façade bosphoréenne,

(1) Mavroyeni pacha est mort depuis que nous avons écrit ces lignes ; ses funérailles ont eu lieu en grande pompe à Constantinople le 24 Janvier de cette année.

don on avait fait une porte à l'aide de quelques coups de pioche.

— Voyez-vous, nous dit-il, cette fenêtre en partie démolie ?..... C'est par là que s'introduisirent les conjurés qui tuèrent le sultan Abd-ul-Aziz.

Et, comme nous lui demandions si ce crime était réel, il nous répondit textuellement :

— Il ne faut pas en douter..... Je ne vous dirai pas que tous ceux qui ont été condamnés sont réellement coupables, car, parmi ces derniers, plusieurs étaient morts avant le procès, mais ce qui est certain, c'est qu'il n'y a pas eu suicide.

Et se retournant vers la fenêtre dont notre caïque était alors à moins de vingt mètres, il ajouta, en souriant finement :

— Regardez bien cette fenêtre..... elle est historique, et vous êtes le seul européen qui pourra dire un jour :

« J'ai vu l'endroit par lequel passèrent les assassins du sultan Abd-ul-Aziz pour pénétrer dans le palais, près de la pièce où il fut mis à mort pendant qu'il dormait. »

A quelques mois de là, comme nous repassions au même endroit, nous constatâmes que la fenêtre en question avait été réparée et rendue à son état primitif.

Si l'on se rappelle que Mourad avait assigné une partie du palais de Tchéragan à son prédécesseur et aux siens, on conviendra qu'il y a lieu de prendre en sérieuse considération les déclarations du médecin particulier d'Abd-ul-Hamid.

Nous devons ajouter qu'à l'époque où eut lieu cette conversation, en 1888, il était défendu aux bateliers et caïquedjïs de passer à moins de cent mètres du quai de Tchéragan.

Les caïques impériaux et celui de Mavroyeni pacha avaient seuls le droit de longer le palais.

Or, cette mesure n'avait pas été prise en vue du sultan Mourad.

Ce dernier habitait alors, ainsi que nous l'avons dit dans la *Turquie officielle*, Malta Kiosque, dans le parc même d'Yildiz. Mais nous reviendrons sur tout ceci quand, parvenus au règne d'Abd-ul-Hamid, nous aurons à parler des accusés de la haute cour.

Mourad était donc au pouvoir.

Son règne avait commencé par un acte de pardon général. Il avait accordé l'amnistie aux révoltés bulgares et autres.

Mais s'il était au pouvoir, il n'avait pas encore reçu la consécration officielle et religieuse. La cérémonie de la mosquée d'Eyoub, ou véritable couronnement des descendants d'Osman, était renvoyée de jour en jour.

De leur côté, les ambassadeurs attendaient qu'elle eût lieu pour remettre leurs lettres de créance.

Au dehors, les complications s'aggravaient de jour en jour.

La situation de l'empire exigeait des mesures radicales et énergiques.

Mourad, travaillé par sa névrose, écœuré par les tripotages des gens qui l'entouraient, las des intrigues de ceux qui l'avaient porté au pouvoir, toujours sous le coup de la terrible mort de son oncle, finissait par désespérer de son salut et de celui de la Turquie.

Il lui aurait fallu, à ce moment, un médecin capable, intelligent et dévoué.

Ce fut le contraire qui arriva : Le docteur Capoleone, son médecin particulier, fut en tout et pour tout au-dessous de sa tâche.

Qui sait ce qui se serait passé si, au lieu d'avoir ce médecin napolitain, il avait eu le docteur S. Mavroyeni, alors médecin particulier de son frère : le prince Abd-ul-Hamid effendi ?

Dès le 5 juin 1876, c'est-à-dire le lendemain de la mort d'Ab-ul-Aziz, Mourad avait vu les symptômes de sa maladie s'aggraver de jour en jour.

L'assassinat du terrible Hussein-Aveni pacha, ministre de la guerre, tué par le circassien Hassan (1), chez Midhat pacha, en plein conseil des Ministres, ne contribua pas peu à augmenter la nervosité de l'infortuné Sultan.

C'est alors que commença la rivalité des Ministres Ruschid et Midhat pachas.

Chacun des adversaires veut s'emparer du pouvoir.

Le premier, Ruschid pacha, tient à maintenir sur le trône le sultan Mourad V.

Et c'est le second, Midhat pacha, à qui on a fait une si grande réputation de libéralisme, qui veut le renverser.

Le second l'emporte.

Abd-ul-Hamid, à qui il offre la régence de l'empire pendant la durée de la maladie du Sultan, refuse cette régence sous prétexte qu'elle est contraire au Chériat.

— Puisqu'il en est ainsi, s'écrie Midhat, seriez-vous décidé et oseriez-vous devenir Padischah du vivant de Sa Majesté ?

— Oui, répond le prince, s'il est bien établi que la maladie de mon frère est..... incurable.

(1) Hassan était le frère d'une des femmes d'Abd-ul-Aziz.

Ce fut quelques jours après cette conversation, qui n'était que la suite des nombreux entretiens secrets que le Ministre avait eus avec le prince, que l'on fit venir de Vienne le célèbre aliéniste Liedersdorf.

On sait le reste.

Le médecin viennois, qui avait condamné le traitement prescrit par son confrère du palais et qui avait promis de *guérir l'impérial malade en moins de* DEUX MOIS, *s'il s'astreignait à suivre ses prescriptions*, retourna à Vienne comme il était venu, sans qu'il lui fût permis de communiquer avec qui que ce soit, en dehors de l'entourage du Sultan.

Les journaux publièrent à cette époque les nouvelles les plus rassurantes sur l'état du souverain.

On reparla de la prochaine cérémonie du sacre officiel et religieux ; on en fixa même l'époque précise, et, pour mieux donner le change, on en commença les préparatifs.

La joie brillait sur tous les visages constantinopolitains.

Ce qui donnait plus de créance à ces bonnes nouvelles, c'est que le Sultan, obéissant aux prescriptions du spécialiste viennois, sortait fréquemment et faisait de longues promenades en voiture, à cheval et en bateau.

Les choses en étaient là quand, soudain, comme un coup de foudre, éclata la nouvelle, 31 Août 1876, de la déchéance de Mourad et de la proclamation de son frère Abd-ul-Hamid II.

Cette fois, aucun *fetva* (1) de déposition ne fut publié, et, malgré l'ordre formel de la loi, prescrivant le délai d'un an pour savoir si la maladie d'un Sultan le rend incapable de régner, le conseil des Ministres, dominé par Midhat pacha, passa outre et foula aux pieds toutes les considérations qui plaidaient en faveur du maintien de Mourad V.

On peut justement considérer cette journée du 31 Août 1876, comme une des plus néfastes de l'histoire de la Turquie moderne.

---

(1) Le *Fetva* ne fut rédigé et publié que plus tard, sous la pression des membres du clergé musulman. Il fut également signé par le même *Cheikh-ul-Islam*.

CHAPITRE III

—

AVÈNEMENT D'ABD-UL-HAMID KHAN II

—

Les conséquences d'une déposition. — Les auteurs du Coup
d'État. — Le début d'un règne. — Promettre et tenir
font... deux. — La Turquie et l'Europe.

———

Le rêve d'Abd-ul-Hamid était donc réalisé. Il
s'était réalisé au détriment du plus libéral, du plus
humain, du plus doux et du plus sympathique
des princes.

Le second fils d'Abd-ul-Medjid, considéré à
cette époque comme un fanatique névrosé, imbu
des principes du Coran et du Chérïat, paraissait
très maniable et plus facile à diriger que son frère
Mourad V.

En le portant au pouvoir, Midhat pacha avait la
conviction qu'il resterait maître de la situation et
que la *Sublime Porte*, reprenant son antique

influence, gouvernerait l'empire au lieu et place du Sultan et du Palais.

Pour lui, le chétif et délicat Abd-ul-Hamid devait être le simple instrument dont il se servirait pour consolider ses idées gouvernementales.

Un prochain avenir allait lui prouver que la modeste couleuvre, qu'il avait réchauffée dans son sein, était bel et bien une dangereuse et vindica-tive vipère.

Quoi qu'en dise l'almanach officiel de l'empire ottoman, qui depuis 1896 donne l'acte de naissance du Sultan actuel, tout indique que, s'il est bien le fils d'une des femmes d'Abd-ul-Medjid, morte en 1849, âgée de vingt-six ans, et morte phtisique, il n'est pas celui d'Abd-ul-Medjid, mort également de phtisie, à l'âge de trente-neuf ans.

A la mort de sa mère, Abd-ul-Hamid, alors dans sa huitième année, fut confié à une vieille esclave du harem impérial nommée Naavik-Missal.

Celle-ci étant morte peu de temps après, l'enfant fut remis aux soins de Péresto-Hanoum, quatrième femme d'Abd-ul-Medjid.

Péresto-Hanoum, n'ayant pas d'enfant, se dévoua au jeune prince au point de refuser d'épouser Abd-ul-Aziz, lorsque celui-ci succéda à Abd-ul-Medjid.

Péresto-Hanoum a été célèbre par sa beauté;

c'est elle qui aujourd'hui porte le titre de Validé-sultane.

S'il faut en croire certains personnages, Abd-ul-Hamid aurait souvent témoigné d'une profonde ingratitude pour la femme qui l'éleva comme son propre enfant.

Ce qui est certain, c'est que le « Sultan rouge », qui n'était alors que le Sultan blême, s'est plus d'une fois exprimé très irrespectueusement sur le compte de la Validé-sultane.

Nous avons dit dans la *Turquie Officielle*, ce que furent l'enfance et la jeunesse d'Abd-ul-Hamid, nous passerons donc sur ces points historiques pour arriver au moment où, après avoir trompé Midhat pacha, Ruschid pacha et le Cheikh-ul-Islam, il remplaçait son frère Mourad sur le trône des Ottomans.

Des amis de Midhat pacha ont prétendu que celui-ci avait fait signer au frère de Mourad une déclaration par laquelle il s'engageait à restituer le trône à son frère, dès que celui-ci serait guéri.

Cet écrit n'ayant jamais été publié, il est à supposer qu'il en est de lui comme de beaucoup de ces faits que la passion politique affirme, mais que rien ne démontre.

C'est le 31 août qu'Abd-ul-Hamid quitta la demeure de sa mère adoptive pour se rendre, accompagné du séraskier Redif pacha, au palais de Top-Capou, où se trouvaient rassemblés les ministres et les hauts dignitaires de l'Etat.

Ce même jour, Mourad V et sa famille furent transférés au palais de Tchéragan.

Le premier soin d'Abd-ul-Hamid fut de faire arrêter tous les personnages au service de son frère ; les uns furent emprisonnés, les autres exilés.

Le prince Selaheddin, fils de Mourad, fut retiré de l'école militaire et partagea la captivité de son père.

Pour mieux donner le change à l'Europe et à la nation ottomane, une commission de médecins fut chargée d'étudier l'état de l'ex-Sultan et d'émettre un rapport défavorable sur ses chances de guérison.

Malgré ce qu'en dit l'auteur d'*Abd-ul-Hamid intime*, Mavroyeni pacha, médecin en chef du Sultan, ne présida pas cette Commission.

La cérémonie du *Kylydj-Alaï*, ou investiture, eut lieu le 7 septembre, conformément aux préparatifs qui en avaient été faits pour Mourad.

Le dimanche 10 du même mois, Abd-ul-Hamid

inaugura officiellement son règne par la proclamation suivante qu'il adressa au Grand Vézir :

« Mon illustre Vézir,

« Notre frère bien-aimé, le sultan Mourad V, ayant dû, par la volonté de la Providence, abandonner les rênes de l'Etat et le Kalifat, nous sommes monté sur le trône de nos augustes ancêtres, conformément à la loi ottomane. »

« Vu votre patriotisme connu et éprouvé, votre intelligence parfaite des grands intérêts de l'Etat, nous vous confirmons dans la charge de Grand-Vézir et de Président du Conseil des ministres. Nous maintenons également tous les ministres et tous les fonctionnaires dans leurs postes respectifs. Notre confiance dans l'aide et dans l'assistance du Très-Haut est sans limites en toutes choses et en toutes circonstances ; nous n'avons d'autre désir et d'autre pensée que de consolider les bases sur lesquelles reposent la grandeur et la gloire de notre Empire et d'assurer à tous nos sujets, sans exception, les bienfaits de la liberté, du repos et de la justice. Nous avons le ferme espoir et la conviction que tous nos ministres et tous les fonctionnaires de notre Empire ne manqueront pas d'y contribuer à leur tour, en se conformant à notre exemple. »

« Les origines et les causes de la crise que notre Empire traverse aujourd'hui et qui se manifeste sous des formes diverses, sont, il est vrai, multiples ; mais de quelque côté qu'elles soient envisagées, elles se résument en un seul point, à savoir ; l'exécution imparfaite des lois qui découlent des prescriptions suprêmes du Chéri'i, base fondamentale de la puissance de notre empire, et l'arbitraire que chacun a adopté comme règle dans la conduite des affaires. »

« En effet, si les irrégularités dont se ressentent depuis quelques temps l'administration et les finances de notre pays se sont développées au point où elles en sont ; si l'opinion publique se montre méfiante à l'endroit de notre crédit ; si les tribunaux ne sont pas encore arrivés à garantir les droits des particuliers ; s'il n'a pas encore été possible de tirer profit des ressources matérielles que tout le monde reconnaît à notre pays pour l'industrie, le commerce et l'agriculture, ces sources fécondes du bien-être et de la prospérité générale ; si enfin toutes les mesures qui ont été adoptées jusqu'à présent, tant dans l'intérêt du pays qu'en vue d'assurer à tous nos sujets, sans exception, les bienfaits de la liberté individuelle n'ont pu prendre plus de consistance malgré les intentions sincères qui les avaient dictées, ni aboutir, à travers les variations et les changements successifs, au but qu'on s'était proposé, tout cela ne doit être attribué qu'à une seule cause, à savoir : que les lois n'ont pas été régulièrement observées ».

« C'est là, en conséquence qu'il s'agirait aujourd'hui de placer le point de départ des mesures qu'il est urgent d'adopter pour asseoir les lois et les règlements du pays sur des bases qui inspirent la confiance ».

« A cet effet, il est indispensable de procéder à l'institution d'un Conseil général dont les actes inspirent toute confiance à la nation et soient en harmonie avec les mœurs et les aptitudes des populations de l'Empire ».

« Ce Conseil aura pour mandat de garantir, sans exception, l'excécution fidèle des lois existantes ou de celles qui seront promulguées conformément aux dispositions du Chéri'i, aux besoins réels et légitimes du pays et de la nation, et de contrôler l'équilibre des recettes et des dépenses de l'Empire ».

« Le Conseil des ministres est chargé de se livrer à une étude approfondie de cette impor-

tante question et de nous soumettre les résultats
de ses délibérations.

« Un autre empêchement à la bonne exécution
des lois et des règlements c'est la facilité avec laquelle les fonctions publiques sont souvent con-
fiées à des mains inexercées, et cette circonstance
que les employés sont l'objet de changements
fréquents et non justifiés par des motifs légitimes,
ce qui entraîne de très sérieux inconvénients pour
l'Etat et pour les affaires. Désormais, toute charge
et toute fonction publique constituera une carrière
spéciale. Employer dans les affaires de l'Etat des
personnes capables et compétentes; ne tolérer
aucune destitution ou remplacement non motivé;
établir la responsabilité graduelle des fonctionnaires de tout ordre, chacun en ce qui le concerne, c'est là, la règle invariable qu'il convient
d'adopter.

« Les progrès matériels et moraux que tout le
monde s'accorde à reconnaître chez les nations
européennes se sont accomplis grâce à la diffusion
des sciences et de l'instruction. Or, comme par
leur intelligence et leurs dispositions naturelles,
nos sujets de toute classe ont à tous égards, nous
sommes heureux de le constater, des aptitudes spé-
ciales pour le progrès, et que la propagation de

l'instruction constitue à nos yeux une question aussi vitale que pressante, vous aviserez sans retard aux moyens d'assurer ce résultat important en élevant le chiffre des allocations budgétaires dans une proportion suffisante et dans la mesure du possible ».

« En outre, il faut procéder immédiatement à la réforme administrative, financière et judiciaire des provinces, afin de leur créer une situation réellement normale et conforme aux bases qui seront adoptées pour l'organisation centrale ».

« Aux troubles qui ont éclaté l'année dernière en Bosnie et en Herzégovine, sur l'instigation des gens malintentionnés, est venue s'ajouter la rébellion de la Serbie. Considérant que le sang versé de part et d'autre est celui des enfants d'une même patrie, nous sommes profondément affligé de la continuation de cet état de choses ».

« Vous aurez donc à prendre les mesures les plus efficaces pour mettre fin à une situation aussi déplorable ».

« Nous confirmons tous les traités conclus avec les puissances amies, et tout en maintenant leur exécution fidèle, vous vous attacherez à consolider de plus en plus les rapports d'amitié que nous entretenons avec ces puissances ».

« Tels sont en substance nos vœux, telles sont nos intentions.

« Que le Tout-puissant daigne couronner de succès nos efforts ! »

Donné le dimanche 23 Chaban 1293 (10 septembre 1876).

Malgré le peu de confiance qu'inspirait le nouveau sultan, il faut reconnaître que le message impérial produisit bon effet et fut approuvé par la plus grande partie du public.

On se plaisait à y reconnaître un désir réel de travailler sérieusement au relèvement du pays ; et bien mal venu aurait été celui qui aurait annoncé que le règne du nouveau Padischah ne serait qu'une violation constante des promesses contenues dans le *hatt* impérial.

En arrivant au pouvoir, Abd-ul-Hamid conçut trois projets auxquels il devait sacrifier toutes les années de son règne.

Le premier, et le plus important, à son point de vue, fut de se débarrasser, avec toute la prudence voulue, de tous les hommes qui l'avaient porté au pouvoir après y avoir porté son frère.

« Les hommes, pensait-il, qui ont détrôné deux empereurs, pourraient bien supprimer le troisième. »

Le second, fut de soustraire la Turquie à l'influence des capitulations.

Le troisième consistait à s'emparer de toutes les forces de l'Islamisme en s'en faisant reconnaître le chef religieux.

De ces trois buts, un seul devait être atteint : c'est celui qui, en vue de sa sécurité personnelle, consistait à se débarrasser des créatures de son frère et des hommes d'Etat à qui il devait le trône.

Les deux autres, dont on ne peut méconnaître la grandeur et l'esprit national, exigeaient un prince d'une envergure autrement plus grande et plus haute et ne pouvaient être menés à bien que par un souverain sachant allier au génie le courage et la prudence.

Ce qui n'a jamais été le cas d'Abd-ul-Hamid.

Voyons maintenant quelle était la situation de la Turquie au moment où le nouveau Sultan s'emparait des guides de l'État :

Cette situation, il faut l'avouer, était loin d'être satisfaisante.

Les orages s'amoncelaient un peu partout.

Les événements, dont la marche avait paru se ralentir pendant les trois mois du règne de Mourad V, semblaient n'attendre qu'un coup de vent pour accélérer leur marche.

L'insurrection de l'Herzégovine et de la Bosnie, que les troupes Ottomanes n'avaient pu abattre, avait produit, par le mémorandum de Berlin, l'intervention des trois Empereurs ; la Bulgarie, que travaillaient les comités panslavistes, avait ainsi que nous l'avons déjà dit, provoqué des faits insurrectionnels énergiquement noyés dans le sang.

Quant au Monténégro et à la Serbie, ils avaient profité de l'émoi causé en Europe par les massacres de Batak pour déclarer ouvertement la guerre sous l'égide russe.

Mais au moment où Abd-ul-Hamid II montait sur le trône, l'armée du roi Milan avait été battue par Abd-ul-Kérim pacha sur la Morava ; la Bulgarie était en ruines et le Monténégro contenu.

L'Europe attendait dans une attitude hostile ; la Russie guettait l'instant favorable pour fondre sur sa proie ; l'Angleterre, seule, paraissait hésitante, malgré l'esprit de décision que portait en toutes choses son premier ministre.

Quant à la France, maintenue par l'Allemagne, elle ne cherchait qu'une chose : ne pas se créer d'affaires au dehors. Dans ce but, oubliant son glorieux passé, elle faisait de son désir de paix *à tout prix* le pivot de la politique de son ministère des affaires étrangères.

Un véritable homme d'État aurait pu tirer la Turquie de ces nombreux périls. Mais que pouvait faire dans de telles circonstances le prince ignorant et fourbe qui venait de remplacer l'infortuné Mourad V?

Ce qu'il fit; c'est-à-dire provoquer l'agonie chez *l'Homme malade*.

CHAPITRE IV

—

LES DÉBUTS D'UN RÈGNE.

—

Un renard au milieu des lions, des loups et des hyènes. — Le nouveau disciple de Machiavel. — La Constitution ottomane. — Chute de Midhat pacha. — L'Europe et la Turquie. — Le parlement Turc. — La déclaration de la guerre.

———

Si nous jetons un coup d'œil impartial sur ce que fut Abd-ul-Hamid pendant les deux premières années de son règne, nous serons tout naturellement amenés à le comparer à un renard conduit par la force des choses, et en vue de ce qu'il suppose être sa sécurité personnelle, à lutter et à vaincre les lions et autres animaux féroces qui l'entourent et qu'il croit ses adversaires.

Abd-ul-Hamid, en effet, ne se sentant pas encore le plus fort, redoutant les personnages qui l'ont porté au pouvoir au détriment de son frère, se fait humble et soumis.

Il promet tout ce qu'on lui demande, et, pensant avoir satisfait aux exigences de l'Europe et à celles de ses sujets par la proclamation de son *Hatt impérial*, il commence l'œuvre sournoise qui doit le rendre, petit à petit, maître de la Sublime Porte et des hommes qui en dirigent la politique intérieure et extérieure.

Ses soins ne sont pas donnés exclusivement à l'étude des complications qui menacent son Empire ; et, quand le moment sera venu, il repoussera, de gaieté de cœur, le protocole de Londres, comme il aura repoussé le mémorandum de Berlin et la conférence de Constantinople.

Ce qui le préoccupe le plus, ce n'est pas le bien du pays, c'est la sauvegarde de sa personne et la satisfaction de ses rancunes et de ses haines.

C'est ainsi qu'il provoquera le désordre qui, en amenant l'intervention militaire de la Russie, produira le démembrement de son Empire.

Faisant semblant de se soumettre aux exigences de la constitution que Midhat pacha lui avait imposée, il lui laissera la responsabilité de la politique extérieure.

Cette constitution, dont on a tant parlé et que le

parti de la jeune Turquie ne cesse de réclamer, portait en substance : l'indivisibilité de l'Empire ; l'irresponsabilité du Sultan ; l'égalité devant la loi de tous les sujets ottomans sans distinction de rang et de religions ; l'admission aux fonctions publiques des chrétiens ottomans suivant leurs aptitudes, leur mérite et leurs capacités ; l'inviolabilité de la liberté individuelle et du domicile; l'abolition de la confiscation, de la corvée, de la question et de la torture sous toutes les formes ; la liberté de l'enseignement ; l'indépendance complète des tribunaux ; l'équilibre effectif du budget; la décentralisation municipale et administrative dans les provinces, tout en réservant l'action et les pouvoirs du gouvernement central.

Grand admirateur des Anglais, partisan de leur constitution, Midhat pacha ne voyait de salut pour la Turquie que dans un parlementarisme analogue à celui que nous avons le triste bonheur de posséder.

Son système représentatif s'appuyait sur une chambre de députés élus pour 4 ans, au scrutin secret, à raison d'un député pour 50,000 Ottomans du sexe masculin et sur l'institution d'un sénat dont les membres étaient nommés à vie par le Sultan.

Les chambres avaient droit de contrôle sur les actes du gouvernement ; les ministres étaient responsables devant elles, mais l'initiative des lois appartenait au gouvernement seul. Enfin, point essentiel et véritable frein pouvant arrêter ou modifier l'action des chambres, le Sultan, en vertu de l'article 44, était libre de retarder ou d'avancer l'époque de leur ouverture, d'abréger ou de prolonger les sessions.

La circulaire du prince Gortschakoff, annonçant à l'Europe la mobilisation de six corps d'armée dans le but d'assurer la sécurité des chrétiens de la Turquie, avait décidé l'Angleterre à reprendre la proposition d'une conférence européenne à Constantinople.

Cette fois, l'idée fut acceptée.

C'est à ce moment même que le parti de la *Jeune Turquie* essaya d'empêcher l'immixtion de l'Europe dans les affaires intérieures de l'Empire en prenant l'initiative des réformes.

Le 13 décembre 1876, Midhat pacha, chef de ce parti, remplaçait Mehemed Ruschid pacha et redevenait Grand Vézir.

Le jour même où la conférence se réunissait à Constantinople, un hatt impérial promulguait la constitution conçue par le nouveau Grand Vézir.

C'était une façon, par trop turque, de répondre aux prétentions que la conférence de Constantinople allait proclamer au nom de l'Europe.

Ces prétentions, rédigées sans la participation du gouvernement turc, furent remises le 24 décembre à Savfet pacha, ministre des affaires étrangères.

Les exigences des diplomates européens révoltèrent le sentiment national des Osmanlis.

La Porte répondit en se retranchant derrière la constitution proclamant l'indivisibilité du territoire.

La conférence, ayant exigé une réponse catégorique, reçut un refus formel de la Porte. Celle-ci déclarait ne pas vouloir adhérer au mémorandum des grandes puissances.

Les négociations continuèrent malgré le refus du gouvernement turc ; les commissaires de la conférence de Constantinople notifièrent aux délégués ottomans leur minimum définitif.

Ceci se passait le 15 janvier 1877.

La Porte était en même temps avertie que les plénipotentiaires quitteraient sur le champ Constantinople, si elle refusait d'acquiescer aux réformes demandées par l'Europe.

Midhat pacha convoqua alors un conseil national composé de 180 membres musulmans et de 60 chrétiens.

Ce conseil, guidé par le Grand Vézir, rejeta les propositions de la conférence.

Le 20 janvier, Savfet pacha notifia son refus aux délégués européens.

La conférence, en avortant, abandonnait la place à la guerre.

L'attitude subitement conciliante de la Russie, et les excitations à la résistance prodiguées, en dessous main, par l'ambassade d'Angleterre, avaient encouragé la Turquie dans son refus.

A la suite de l'insuccès de la conférence de Constantinople, la Russie avait adressé à ses ambassadeurs de Londres, Berlin, Paris, Vienne et Rome, une note circulaire insistant sur la nécessité d'imposer à la Turquie le respect des décisions de l'Europe.

L'Angleterre s'étant déclarée contraire à l'emploi des mesures coercitives, Midhat pacha profita habilement des divergences de la diplomatie européenne pour conclure la paix avec la Serbie à des conditions honorables pour la principauté.

En même temps qu'il cherchait à traiter de même avec le Monténégro, il ne cessait de faire parade des réformes que son gouvernement avait commencées.

Mais le pouvoir de Midhat pacha touchait à sa fin.

Représenté par les courtisans d'Abd-ul-Hamid comme regrettant Mourad V et ne cherchant qu'une occasion pour le remettre sur le trône, redouté de son maître, qui voyait en lui une véritable force et vivait sous le coup de frayeurs constantes, il fut renversé le 5 mars 1877, et exilé sans jugement.

Toujours machiavélique, Abd-ul-Hamid, tout en exilant son Grand Vézir, lui faisait remettre une somme de 5oo livres turques.

Ce premier acte d'autorité du Sultan blême fut le prélude de toutes les fautes et de tous les crimes qu'il devait commettre en vue d'assurer son pouvoir absolu et la sécurité de sa misérable personne

Edhem pacha succéda à Midhat.

Pendant que ces événements se passaient, le parlement ottoman avait ouvert ses séances et les continuait dans un désordre assez caractéristique.

Quelques députés, plus indépendants que les autres, cherchaient à secouer l'apathie de la nation en réclamant des réformes sérieuses ; mais leur voix était couverte par les clameurs d'une assemblée élue en grande majorité sous la pression des ulémas et de l'administration.

Toutes les discussions étaient étouffées et tous les projets de loi rejetés par ce seul argument:

— Ceci est contraire à la loi du Chéri'at.

Sous la pression d'Edhem pacha la chambre vota d'enthousiasme la continuation de la guerre avec le Monténégro (11 avril).

Le lendemain la Sublime-Porte refusait d'adhérer au protocole que le comte Schouvaloff avait signé à Londres le 31 mars.

C'était la guerre.

Pendant que se jouaient ainsi les destinées du pays, Abd-ul-Hamid, lui, préparait l'organisation de la police secrète et le jeu des institutions occultes qui devaient le rendre maître absolu de ses créatures et de l'Empire en ruinant, en exilant tous les hommes intelligents qui avaient servi son frère et son oncle.

CHAPITRE V

—

ABD-UL-HAMID PENDANT ET APRÈS, LA GUERRE TURCO-RUSSE.

—

Où le Sultan blême affirme de plus en plus sa politique personnelle. — L'installation du pouvoir à Yildiz. — La guerre Turco-russe. — Traités de San-Stéfano et de Berlin. — Les projets du sultan Abd-ul-Hamid. — La tentative d'Ali-Suavi en faveur de Mourad.

—

Du sein du palais de Dolma-Bagtché, qu'il habitait encore, Abd-ul-Hamid suivait avec une joie secrète les débats orageux de la chambre des députés.

Cette chambre, issue d'une constitution à laquelle il avait juré fidélité, mais qu'il détestait et dont, *in petto*, il s'était promis de se débarrasser à la première occasion, cette chambre constituait pour lui un véritable cauchemar.

Les circonstances ne devaient pas tarder à lui permettre de réaliser son projet.

Les ministres, habitués à ne rendre compte de leur gestion qu'au Sultan, se trouvaient en luttes continuelles avec les exigences de certains députés.

Ces nouveaux maîtres se montraient plus tracassiers que ne l'avaient jamais été les souverains ottomans.

Fatigués par les chocs violents qui résultaient des obsessions de certains membres de la chambre; ennuyés par le temps précieux qu'absorbaient les discussions et le contrôle que la chambre voulait exercer, les ministres, Edhem pacha en tête, proposèrent au Sultan de proroger la chambre.

Celui-ci, agissant avec sa duplicité habituelle, refusa d'abord, machiavéliquement, d'accéder au désir de ses ministres.

Ces derniers étant revenus à la charge quelques jours après, Abd-ul-Hamid leur suggéra la création d'un grand conseil extraordinaire.

Ce conseil, s'étant réuni au Palais même, confirma le Sultan dans ses droits de suspendre les travaux de la chambre et y ajouta celui de décréter l'état de siège.

Ce n'était pas en vue d'empêcher un soulèvement éventuel des chrétiens, ainsi que le crurent les membres de ce conseil extraordinaire, que notre fin renard s'était fait décerner le droit de décréter l'état de siège.

En agissant ainsi, il avait particulièrement en vue de s'armer contre l'opposition qu'il jugeait devoir résulter de la violation de la constitution et des rigueurs qu'il ruminait en silence.

En faisant d'un monarque presque constitutionnel un monarque d'une autorité absolue, la Porte se suicidait et préparait la voie tyrannique dans laquelle son nouveau Maître devait aller si loin.

La violation de la constitution fut suivie de la condamnation et de la déportation des principaux députés libéraux.

C'est ainsi qu'Abd-ul-Hamid commença à devenir Maître absolu de la situation.

Pendant que ces événements d'ordre intérieur se déroulaient, pendant que le nouveau Souverain, ne se sentant pas en sécurité dans le Palais de son père, transportait sa résidence sur le haut plateau d'Yildiz, d'où il pouvait dominer tout Constantinople, les Russes passaient le Danube à Hirsova et Galatz et s'emparaient de toute la ligne du bas Danube et de la Dobroudja.

En repoussant le protocole de Londres la Turquie avait jeté le gant à la Russie, et celle-ci le relevait sans hésitation.

Au manifeste du Tzar, déclarant, le 24 Avril, la guerre à l'Empire ottoman, la Porte avait répondu par une note très-digne, dans laquelle elle faisait appel à la médiation de l'Europe en vertu de l'art. 8 du traité de Paris ; appel qui permit à lord Derby de proclamer du haut de la tribune du parlement Anglais que : « Les traités tombent en désuétude avec le temps et par la force des choses. »

On sait ce que fut cette guerre qui absorba la réputation de tous les hommes de guerre de la Turquie, constitua un désastre sans précédent pour le pays et porta à l'excès le désastre gouvernemental.

Et pourtant l'histoire impartiale doit reconnaître que la fortune se montra plus d'une fois souriante aux généraux ottomans.

Mais que pouvaient faire ces derniers devant l'avalanche d'ordres contradictoires qui émanaient des courtisans Yildiziens et de leur Maître ?

Pendant que la Russie marche à pas de géant sur Constantinople, pour ne s'arrêter qu'à San-Stéfano, en face de l'antique Byzance, la Serbie, qui avait recommencé la guerre depuis le 13 décembre, s'emparc de Nistch, donne la main aux troupes russes de Sofia, et cerne l'armée d'Hafiz pacha, dont nous avons raconté la mort dans les *Bas-fonds de Constantinople*.

Les Monténégrins, eux, avaient continué la marche de leurs succès et, maîtres de Niksisch, de Spuz, de Medun, d'Antivari, menaçaient Scutari.

Widdin, assiégé par les Roumains, était rédui aux abois.

La lutte, dans ces conditions, devenait absolument impossible.

La Turquie, réduite à l'extrême misère et à l'extrême honte par l'incapacité et la fourberie de son blême Sultan, demanda la paix.

Les préliminaires en furent signés le 5 février à Kezaulik ; et le 3 mars le général Ignatieff imposait à la Porte le traité qui suit :

Par ce traité, qui porte dans l'histoire le nom de San-Stefano, l'empire ottoman se voyait démembrer au profit de ses anciens sujets : la Serbie, devenue indépendante, s'augmentait du liva de Nistch ; la Roumanie, également indépendante, était contrainte de recevoir la Dobroudja en échange de la Bessarabie qu'elle rétrocédait à la Russie.

En Asie, cette dernière prenait Kars, Ardahan, Batoum et Bayazid.

Le Monténégro voyait son territoire triplé et recevait les ports de Spizza et d'Antivari ;

Enfin, la Bulgarie, s'étendant du Danube à la mer Egée, était créée en principauté vassale.

La Turquie ne conservait en Europe que Constantinople, Salonique, Gallipoli, l'Epire, la Thessalie, l'Albanie et la Bosnie.

En plus de ce véritable démembrement, elle devait payer une contribution de guerre de 1 200 000 000 francs.

L'Angleterre, qui avait envoyé une flotte dans la Marmara et mené grand bruit de ses velléités belliqueuses, sursauta à la nouvelle de ce traité.

Le cabinet Beaconsfield appela sous les drapeaux la réserve de l'armée active et poussa son ambassadeur, Sir A. Layard, à provoquer un conflit entre les troupes ottomanes et les troupes russes campées devant Tchataldja.

Mais l'insurrection de la Crète et de la Thessalie et la menace d'une guerre avec la Grèce obligeaient la Turquie à fuir les conseils de son trop bouillant conseiller.

Pendant que l'Angleterre échangeait des notes avec St-Pétersbourg, l'Autriche et l'Allemagne, elle signait un traité (1) d'alliance défensive avec la Turquie et s'emparait de l'île de Chypre.

La Russie consentait au congrès de Berlin.

La Turquie, dont le traité avec l'Angleterre avait été des moins avantageux, ainsi qu'on peut en juger par l'extrait que nous avons donné en note, fut représentée à Berlin par Mehemet-Ali pacha, Caratheodory pacha et Sadullah bey,

(1) Voici le texte de ce traité :

« ..... Dans le cas où Ardahan, Batoum, Kars, ou aucune
« de ces places seraient retenues par la Russie, et aucune
« tentative serait faite à une époque quelconque par les
« Russes pour s'emparer d'aucune autre position des terri-
« toires de S. M. J. le Sultan en Asie fixés par le traité
« définitif de paix, l'Angleterre s'engage à s'unir à S. M. I.
« le Sultan pour la défense du territoire en question par
« les armes.

« En revanche, S. M. I. le Sultan promet à l'Angleterre
« d'introduire les réformes nécessaires (à être arrêtées plus
« tard par les deux puissances) ayant trait à la bonne ad-
« ministration et à la protection des sujets chrétiens et
« autres de la Sublime Porte qui se trouvent sur les terri-
« toires en question, et afin de mettre l'Angleterre en
« mesure d'assurer les moyens nécessaires pour l'exécution
« de son engagement, S. M. I. le Sultan accepte en outre
« d'assigner l'île de Chypre, pour être occupée et adminis-
« trée par elle (4 juin). Une annexe en date du 1ᵉʳ Juillet,
« stipulait que dans le cas où la Russie restituerait à la
« Turquie Kars et les autres conquêtes faites par elle en
« Arménie pendant cette dernière guerre, l'île de Chypre
« sera évacuée par l'Angleterre, et la convention en date du
« 4 juin 1878 cessera d'être en vigueur.

La Russie y était représentée par le prince Gorts-chakoff, le comte Schouvaloff et le baron d'Oubrial.

Les autres puissances, c'est-à-dire la France, l'Angleterre, l'Allemagne, l'Autriche et l'Italie avaient également envoyé trois plénipotentiaires chacune.

En envoyant Mehemet-Ali pacha comme plénipotentiaire, le sultan s'était imaginé que celui-ci, d'origine allemande, serait parfaitement accueilli par le prince de Bismark.

Ce fut le contraire qui arriva :

Si le maréchal était en effet d'origine allemande, fils d'un modeste tailleur, il était également renégat. Ce fut ce qui le perdit ; le fit tenir à distance par l'aristocratie allemande et provoqua la violence grossière avec laquelle le prince de Bismark imposa silence au maréchal turc dès la première séance du Congrès.

Ce fait, qui paraît de peu d'importance à première vue, témoigne pourtant du peu d'esprit politique du Sultan qui, de blême, ne va pas tarder à devenir rouge. Si ce dernier s'était rendu compte du mysticisme piétiste qui régnait à la cour d'Allemagne, il se serait bien gardé de lui envoyer un renégat ; ce renégat eût-il les plus grands talents militaires.

Des délibérations du congrès de Berlin sortirent les modifications au traité de San-Stefano, que beaucoup de nos lecteurs connaissent certainement mais que nous croyons devoir résumer dans l'intérêt de l'homogénité de notre ouvrage.

La Serbie, affranchie, garda Nistch ; le Monténégro eut son indépendance reconnue par la Porte et garda, avec Antivari, le tiers du territoire que lui avait assigné le traité de San-Stefano ; la Bulgarie fut scindée en deux : la partie septentrionale formait la principauté, et la partie méridionale une province turque autonome, sous le nom de Roumélie orientale ; la Roumanie ne retira de ses sacrifices en hommes et en argent que son indépendance et l'échange de la Bessarabie, province fertile et saine, contre les marécages pestilentiels de la Dobroudja.

La Russie, elle, reprenait la Bessarabie, que lui avait enlevée le traité de Paris, et gardait Kars, Ardahan, et Bathoum, déclaré port franc.

Quant à son indemnité de guerre, il fut décidé qu'elle ne viendrait qu'en dernière ligne, car son titre, fondé sur son traité de San-Stéfano, ne pouvait primer les droits antérieurs des créanciers de la dette ottomane.

Enfin, l'Autriche et la Perse eurent aussi leur part :

La première, se fit donner Spizza et le mandat d'occuper l'Herzégovine et la Bosnie pour un temps indéterminé ;

La seconde, s'annexa purement et simplement le district de Khotour.

En plus de ces concessions forcées, le gouvernement du Sultan prenait l'engagement d'admettre, sans différence de religion, le témoignage de tous ses sujets devant les tribunaux ; d'appliquer scrupuleusement dans l'île de Crète le règlement organique de 1868 ; d'introduire des règlements analogues dans les parties de la Turquie d'Europe pour lesquelles une organisation particulière n'a pas été prévue ; de régulariser, sans plus de retard, les améliorations et les réformes qu'exigent les besoins locaux dans les provinces habitées par les Arméniens ; de *garantir leur sécurité* contre les Kurdes et les Circassiens et de donner connaissance périodiquement des mesures prises à cet effet aux puissances qui en surveilleront l'application (art. 61).

En réalité, ce traité était un premier partage de la Turquie.

Dans ce partage, chacune des grandes puissances contractantes, excepté la France et l'Italie, se tailla une part proportionnée à son ambition et à sa grandeur.

La Grèce même, se fondant sur les vœux du congrès, vœux dont notre plénipotentiaire, M. Waddington, avait été le champion, exigeait Larissa et Janina.

Enfin, par la convention du 4 juin, la Turquie d'Asie était sous la tutelle de la Grande-Bretagne.

Contraint et forcé, Abd-ul-Hamid fit semblant d'accepter de fort bonne grâce les terribles décisions du congrès de Berlin.

Toujours obséquieux, toujours tremblant pour sa personne, il ne respira réellement qu'après la signature du fameux traité.

Si l'Empire de ses pères était réduit à sa plus simple expression, ne restait-il pas, lui, le maître absolu, et bientôt sans contrôle, d'un pays offrant encore, malgré ses désastres, de grandes et puissantes ressources ?

Du reste, ses engagements, il savait bien qu'il les tiendrait le moins possible et que l'Europe, fatiguée de l'effort qu'elle venait d'accomplir, avec la pensée de résoudre une fois pour toutes cette fameuse *Question d'Orient*, tiendrait faiblement la main à ses prescriptions.

Des ruines de son Empire, le Sultan blême allait

se tailler un royaume dont il entendait bien être le seul Maître, le seul *Percepteur*.

Pendant que se déroulaient les événements que nous venons de raconter, au moment où l'armée Russe avait son avant-garde près de San-Stéfano, alors que le Sultan, tremblant dans son palais d'Yildiz, implorait la paix, un fait se préparait qui devait influer singulièrement sur la nature poltronne et méfiante d'Abd-ul-Hamid.

Ce fait est la tentative d'Ali-Suavi en faveur du sultan Mourad V, enfermé en ce moment dans un des appartements du palais de Tchéragan.

Le nom du malheureux prince était devenu le point de ralliement de tous les mécontents de l'Empire; on annonçait qu'il était revenu à la santé et on parlait ouvertement de le rétablir sur le trône. De là, de perpétuelles frayeurs chez Abd-ul-Hamid, qui faisait surveiller rigoureusement son frère dans les divers palais qui étaient successivement sa résidence.

Au mois de Mai 1878, l'ex-sultan habitait Tchéragan.

Ce palais est situé le long du Bosphore, au pied d'une colline au sommet de laquelle s'élève Yildiz-Kiosque, la résidence favorite d'Abd-ul-Hamid II. Il est relié aux jardins d'Yildiz-Kiosque par des ponts jetés sur une route où passe le tramway de Constantinople.

La partie de la colline qui aboutit à cette route a une pente très raide tout le long de Tchéragan. Pour éviter l'éboulement des pierres, on avait construit dans cette section un mur de soutènement. Ce mur s'était écroulé depuis un certain temps et les réparations n'étaient pas encore achevées. On y employait un grand nombre de réfugiés que l'on prenait dans les dépôts voisins.

Le 20 mai, vers onze heures, une cinquantaine de réfugiés se présentaient à l'une des portes du palais de Tchéragan et demandaient à entrer. Le soldat qui était en sentinelle, ayant répondu qu'on n'entrait pas, les réfugiés se jetèrent sur lui et le poignardèrent. Immédiatement ils forcent l'entrée et se précipitent dans la cour intérieure du bâtiment où Mourad est gardé à vue. Les deux fonctionnaires qui veillent sur cette porte, ayant fait mine de résister, sont abattus à coups de révolver.

La troupe se grossit en un instant dans des proportions considérables.

Presque tous ces hommes portaient le costume des réfugiés, c'est-à-dire celui des Turcs de l'intérieur.

Il y avait cent personnes environ sur la route,

tout autant dans la cour intérieure, et près de soixante s'étaient jetées dans l'intérieur des appartements, dont l'assassinat des factionnaires avait rendu l'accès libre.

Ces conjurés étaient conduits par un espèce d'aventurier fort connu à Constantinople, où il était arrivé du fond de Bokhara, sa patrie, quatorze ans auparavant. Ali-Suavi effendi était un softa ardent et détraqué, chez qui une intelligence assez vive et une éloquence naturelle étaient gâtées par une incroyable suffisance. Aussi avait-il dû s'exiler en 1875, pour échapper à la vengeance du tout-puissant Ali pacha qu'il avait vivement attaqué dans son journal *le Muchber* (Correspondant).

Rentré de l'exil en 1876, il fut, grâce à la protection de Midhat pacha, nommé précepteur des enfants d'Abd-ul-Hamid ; mais sa grossièreté l'ayant fait renvoyer, il prit place parmi les mécontents et se mit en tête de remettre Mourad sur le trône.

Il ne lui fut pas difficile de trouver, parmi les cinquante mille réfugiés de Constantinople, deux cent cinquante malheureux, persuadés qu'en renversant Abd-ul-Hamid ils mettraient un terme à leurs maux et à ceux de la patrie.

Le revolver au poing, excitant ses hommes par

d'ardentes paroles, le Bokharien marcha droit à l'appartement de Mourad.

L'ex-Sultan s'élança au-devant des insurgés et leur demanda ce qu'ils voulaient de lui.

— Tu es notre Souverain légitime, répondit Ali-Suavi, nous te proclamons Sultan, en remplacement d'Abd-ul-Hamid, dont le peuple proclame la déchéance. Viens te montrer à tes fidèles.

Mourad fit observer que le moment était mal choisi, il refusa la couronne qu'on lui offrait avec plus d'audace que de certitude.

Ali-Suavi lui dit alors textuellement : « Si tu ne veux pas être Sultan de bon gré tu le seras de force. »

Ce à quoi Mourad répondit qu'il brûlerait la cervelle au premier qui porterait la main sur lui.

En même temps il prenait en main un revolver caché sous ses vêtements.

Le drame s'accentuait.

Cependant un bataillon accouru d'Yildiz avait été reçu à coups de feu par les insurgés dans la cour intérieure du palais et ripostait vigoureusement. Les cuirassés, qui étaient ancrés dans le Bosphore, à proximité de Tchéragan, avaient envoyé des embarcations armées qui cernaient le palais. De nouvelles troupes, arrivant de tous côtés, formaient le cordon du côté de la terre et faisaient de nombreux prisonniers.

Les femmes, affolées, couraient dans les corridors et les terrasses, en poussant des cris qui dominaient le bruit de la fusillade.

Ali-Suavi insistait auprès de Mourad.

A ce moment, l'eunuque chargé par Abd-ul-Hamid de la garde de Mourad, donne avec énergie l'ordre aux soldats de jeter les insurgés par les fenêtres.

Ali-Suavi décharge son révolver sur la troupe et aussitôt il reçoit en plein ventre un premier coup de baïonnette et un second qui l'achève.

Un officier fait rentrer Mourad dans ses appartements où il l'enferme.

La chasse aux insurgés commence. Pas un seul de ceux qui étaient entrés dans l'intérieur du palais ne resta vivant. Ceux qui se trouvaient dans la cour furent, les uns tués ou blessés, les autres faits prisonniers. Quant aux insurgés qui, plus prudents, se trouvaient sur la route en dehors du palais, un grand nombre put se sauver. On calcula que quatre-vingts hommes furent tués, dont soixante-cinq insurgés et quinze soldats.

Le soir, quatre grandes embarcations chargées

de cadavres remontèrent le Bosphore. En comptant les morts, on constata que plusieurs étaient des soldats qui s'étaient déguisés en réfugiés.

Mourad et sa mère furent transférés le jour même dans la résidence du Sultan.

On leur donna pour demeure le Kiosque connu sous le nom de Malta-Kiosque, situé dans l'enceinte d'Yildiz-Kiosque.

Ni lui, ni sa mère ne furent trop molestés.

Il y eut, sur le premier moment, une grande panique à Stamboul. La population, rendue très impressionnable par les dispositions vraiment menaçantes qu'avait prises l'armée russe, alors à San-Stéfano, crut que l'ennemi entrait dans la ville. Les boutiques et les portes du grand bazar furent fermées instantanément. Des femmes et des enfants furent renversés et foulés aux pieds par les fuyards, que la peur emportait dans toutes les directions.

Mais cette panique fut vite dissipée quand on sut la vérité.

Les Constantinopolitains reprirent leurs occupations et attendirent tout des événements qui, pensaient-ils, entraîneraient la chute du sultan Abdul-Hamid, encore moins populaire à cette époque qu'aujourd'hui.

CHAPITRE VI

—

ABD-UL-HAMID ET LES HOMMES D'ÉTAT DU DÉBUT DE SON RÈGNE.

—

La formule régnante. — La corruption : de l'or et encore de l'or. — Un bon conseil. — Le maréchal Hussein-Aveni pacha, Midhat pacha, Rédif pacha, S. Mavroyeni pacha, et Méhémet-Ruschid pacha.

Pendant que tous ces événements si graves pour la Turquie s'accomplissaient à ses dépens, le sultan, en véritable *Saturnien*, commençait à user, à dévorer, les uns après les autres, les généraux et les hommes d'État dont son règne devait faire une consommation si prodigieuse.

Il avait, dès son avènement au pouvoir, pris pour devise cette fameuse formule machiavélique:

« Diviser pour régner. »

C'est en faveur de cette formule qu'il organisa la redoutable police secrète qui a fait de son Empire *le pays par excellence de l'Espionnage.*

Pour arriver plus sûrement à son but, Abd-ul-Hamid se dit qu'il ne lui suffisait pas de disposer des grades, des titres, des décorations et des honneurs.

Pour payer ses agents, tant en Turquie qu'en Europe ; pour empêcher la presse de le montrer sous son véritable jour, pour gagner les uns et les autres et obliger ses courtisans à veiller sur sa personne comme l'avare veille sur son trésor, il lui fallait de l'or, beaucoup d'or.

Ce métal devant servir de base à son gouvernement corrupteur, il commença à s'emparer de tous les biens de l'infortuné Mourad V.

Ces biens, composés d'immeubles, de meubles, de bijoux, d'argenterie, etc., etc., il se les appropria au détriment des créanciers de son frère.

Excellent calculateur, Abd-ul-Hamid, qui connaissait si bien l'addition, la soustraction, la multiplication, se refusa toujours à pratiquer la soustraction, quand celle-ci devait s'opérer à son détriment.

Il voulait bien garder l'actif de son frère, mais il n'entendait nullement en reconnaître le passif.

Les créanciers de Mourad V en savent quelque chose (1).

Mais, il ne lui suffisait pas de mettre sa main crochue sur la fortune de son frère ; ce qu'il lui fallait c'était la libre disposition de la fortune de ses sujets.

Sa liste civile fut donc majorée de tous les revenus de l'État.

Il ne laissa à la Porte que le strict, le très strict nécessaire, à peine, après avoir assez régulièrement payé les ministres et leurs principales créatures, de quoi solder annuellement un mois ou deux d'appointement aux divers employés du Ministère, aux soldats et aux marins.

Le sultan Bakchiche pourvoira, pensa-t-il, à tout.

Il ne dit pas à ses courtisans :

(1) Ces créanciers, français, au nombre de trente environ, attendent encore le règlement de leur compte. Ils ont été, comme beaucoup d'autres petits créanciers, très estimables pourtant, oubliés dans les règlements qui ont causé le conflit Franco-Turc. N'ayant pas des millions à partager comme les Lorendo, les Rubini et les Granet, n'étant que de braves et honnêtes commerçants, ils attendront encore longtemps. Peut-être arriveront-ils ainsi jusqu'au jour du « jugement dernier », suivant l'expression favorite de Munir bey, le très digne ambassadeur.

— Enrichissez-vous par le travail, par le commerce et l'industrie.

C'eût été trop simple et trop honnête.

Il les engagea à le servir d'abord avec un dévouement entier ; puis à tripatouiller librement, mais en évitant les scandales, en vue de ce que pourrait penser et dire l'Europe.

— Enrichissez-vous, leur dit-il, par les bakchiches qui résulteront de la situation que vous avez près de ma personne. Faites tout ce que vous voudrez..... écorchez, trompez, volez, mais que toutes ces choses se fassent discrètement, sans que je sois forcé d'intervenir dans vos affaires pour y mettre le holà !

Nous n'affirmerons pas que ce sont là les véritables propos tenus par Abd-ul-Hamid ; mais, ce que nous certifions, c'est que c'est bien là l'esprit des libertés qu'il accorda et qu'il n'a jamais cessé d'accorder à ses créatures.

— Quand vous traitez un de ses serviteurs de voleur, de faussaire ou de bandit, ne pensez pas que cela vous nuise dans l'esprit de notre gracieux Maître, nous disait dernièrement un des généraux de la garde impériale. Vous pouvez tout dire d'eux et même de nous, mais, ce qui ne vous est pas permis, c'est de critiquer, même très légèrement, les actes de notre Souverain.

Traitez ses courtisans de filous, de tout ce que vous voudrez, le Sultan rira et vous approuvera ; mais, pour Dieu ! ne touchez pas à sa personne, si vous voulez retourner vivant chez vous (1).

Le brave général, alors bras droit de Réouf pacha, commandant de la garde impériale d'Abdul-Hamid, ne se doutait pas qu'il serait, moins de quinze mois après notre conversation, arrêté et compromis dans la conspiration fantastique qui devait, quelques jours plus tard, faire emprisonner un des plus braves et des plus élégants soldats de l'empire ottoman, le maréchal Fouad pacha.

Poursuivant, sans cesse et sans répit, le projet de se débarrasser des hommes qui l'avaient porté au trône après y avoir porté son frère Mourad, le Sultan blême avait vu avec un vif intérêt la disparition de la scène politique des trois hommes qui, par leur énergie, leur capacité, et leur patriotisme éclairé, auraient pu jouer un rôle aussi considérable que favorable dans les événements qui devaient marquer si tragiquement pour l'empire les années 1877 et 1878.

(1) Ces réflexions sont absolument textuelles.

Nous voulons parler de Hussein-Aveni pacha, de Midhat pacha et de Rédif pacha.

Le premier de ces hommes, tué, ainsi que nous l'avons dit, par l'officier circassien Hassan, dont la sœur était une des femmes d'Abd-ul-Aziz, était un soldat d'une haute valeur, aussi énergique que vaillant.

Son influence sur l'armée était considérable car elle voyait en lui un chef au profond savoir, ayant l'expérience des champs de bataille, doué des trois qualités qui font le véritable homme de guerre:

Le coup d'œil, le sang-froid et la résolution.

Il est certain que ce maréchal joua le principal rôle dans la conjuration qui entraîna la perte et la mort d'Abd-ul-Aziz. Sa haine contre ce dernier remontait à l'époque du Grand-Vézirat de Mahmoud-Nedim pacha. Hussein-Aveni était alors ministre de la guerre, et se savait détesté mortellement par le nouveau Grand Vézir. Celui-ci, en effet, s'empressa de le destituer et de provoquer un décret d'exil qui lui enlevait, avec son grade de muchir (maréchal), son unique propriété, située à Kousgoudjouk.

L'ordre de l'exil trouva l'ancien séraskier gravement malade d'une affection de la gorge, nécessitant l'emploi de la sonde pour l'alimentation.

Ses médecins eurent beaucoup de peine pour différer de quelques jours son embarquement.

Au moment de partir pour l'exil, il s'exprima dans des termes qui indiquaient une résolution implacable, si jamais il revenait au pouvoir. Ce qui eut lieu peu de mois après.

Réintégré dans ses décorations et ses grades, l'ancien ministre de la guerre fut nommé Grand Vézir puis gouverneur général de Smyrne, pendant le nouveau Vézirat de Mahmoud-Nédim.

Ce fut à cette époque qu'il conçut, d'accord avec Midhat pacha, alors à Bagdad, le projet de renverser Abd-ul-Aziz, afin d'éviter la mesure désastreuse pour le crédit de l'empire que devait prendre le Grand Vézir, c'est-à-dire le non paiement du prochain coupon.

Cette révolution, comme on l'a vu, ne put s'accomplir qu'après la faillite du crédit de la Turquie que provoqua le même Grand Vézir, et alors qu'Hussein-Aveni, était redevenu ministre de la guerre.

Charles Mismer qui a beaucoup connu ce maréchal, s'exprime ainsi dans ses *Souvenirs du monde musulman*.

Le pacha qui était alors en visite chez lui à Paris, où il etait venu en vertu d'un congé pour faire une cure d'eau à Vichy, lui dit, en réponse aux objections que ce dernier venait de lui faire au sujet de la conspiration dont il lui avait parlé, « qu'est-ce que la vie pour un soldat ! Depuis trente ans, j'ai joué la mienne sur tous les champs de bataille de la Turquie. Qu'une guerre éclate, je suis à la merci d'une balle de Cosaque.

« Cette fois, l'enjeu en vaut la peine. Il s'agit d'en finir avec un régime qui nous livre au gouvernement des eunuques et des étrangers ».

Et l'auteur ajoute :

« Il dit ces choses sans emphase, ni exaltation ; mais chaque fois qu'il prononçait le nom du Sultan, je surprenais sur son visage l'expression froidement terrible que j'y avais lue, la veille de son départ en exil ».

La mort d'Hussein Aveni pacha déchargea Abdul-Hamid du souci que lui aurait certainement causé son ardent désir de se débarrasser d'un tel homme.

Mais, si cette mort tragique combla une partie des vœux du nouveau Sultan, elle n'en fut pas moins une perte sensible pour la Turquie.

Tout porte en effet à croire que la guerre ne se serait pas terminée à l'avantage des Russes, si le maréchal avait eu le commandement en chef de l'armée turque.

L'Empire doit à cet homme de guerre l'organisation militaire de son armée : c'est lui qui la divisa en armée active, *Niẕam* ; en armée active en congé illimité, *Ichtidt*, en réserve, *Rédif* et en armée territoriale, *Mustahfiẕ*.

Soit une durée totale de service de 20 ans.

Midhat pacha, dont la jeune Turquie actuelle a fait son héros, était un organisateur de premier ordre, mais, comme diplomate, il était certainement inférieur à ses prédécesseurs Fuad et Ali pachas.

Hussein-Aveni n'avait en lui qu'une confiance relative : il redoutait surtout sa passion pour les vins de champagne et les alcools.

Midhat était grand partisan de la Constitution anglaise et ses sympathies allaient bien plus à ce peuple qu'au peuple français.

Energique, sachant bien ce qu'il voulait, peut-être un peu trop hautain, il possédait les qualités et les défauts nécessaires à l'accomplissement des œuvres qui peuvent transformer tout un pays.

Comme Fuad pacha, qui mourut tenant le Coran entre ses mains, Midhat faisait profession de l'Islamisme dans le vrai sens du terme.

C'était un croyant, mais un croyant aux idées larges, pleines de tolérance, sans la plus petite nuance de ce fanatisme ridicule, que nous reprochons si souvent et si sottement aux disciples de Mohammed.

Dans ses gouvernements du Danube, de Métélin et de Bagdad, Midhat pacha avait tour à tour donné des preuves de son talent d'organisateur et de son énergie. Partout il s'était préoccupé de faciliter les communications et le commerce par la création de larges et belles routes ; par la répression énergique du banditisme et par l'ordre qu'il porta dans la perception des impôts et dans toutes les branches de l'administration des Villayets.

Enfin, considération importante, il avait pour lui l'estime des puissances étrangères.

Sa première arrivée au Vézirat fut accueillie très-favorablement par le peuple.

On croyait en lui et on espérait beaucoup en son savoir et en son énergie.

Nous avons vu le rôle considérable qu'il joua dans les dépositions des sultans Abd-ul-Aziz et Mourad V.

Celui qu'il joua dans l'avènement d'Abd-ul-Hamid fut encore plus considérable, car, cette fois, il avait à lutter contre l'opinion de plusieurs de ses collè-gues qui, voyant mieux que lui, se méfiaient des airs doucereux du prince Hamid et, conformément aux prescriptions légales, voulaient attendre une

ABD-UL-HAMID EFFENDI
(avant d'être sultan)

3**

année avant de prononcer la déchéance définitive du sultan Mourad.

Le besoin d'autorité absolue et de commandement qui formait le fond de son caractère contribua certainement à sa méprise.

L'intelligence et le savoir de Mourad, ses idées si libérales, ses sentiments si favorables à la France, la méfiance qu'il avait de tout ce qui touchait à l'Angleterre, en faisaient un souverain avec qui ses ministres devaient compter.

Mourad voulait gouverner par lui-même, tout en accordant à son pays les libertés et les droits qui lui avaient été promis par ses prédécesseurs.

Il voulait faire passer les théories libérales dans le domaine de la pratique. En un mot, si Mourad consentait avec joie aux réformes que voulait promulguer Midhat pacha, il entendait ne pas se contenter du rôle paresseux et sans responsabilité d'un monarque constitutionnel.

Tout cela convenait fort peu à l'esprit autoritaire de Midhat pacha. Il comprenait trop bien qu'il ne serait pas le maître avec Mourad.

Les airs langoureux et modestes de celui qui devait être plus tard le Sultan rouge ; son instruction des plus négligées, la modestie de sa mise et de sa maison, ses protestations chaleureuses, l'espèce de puissance fascinatrice qui illumine ses regards quand il veut être aimable, et quand surtout il a intérêt à gagner la confiance de la personne à qui il s'adresse, firent croire à Midhat pacha qu'en élevant au trône ce prince délicat et maladif, il garderait pour lui seul le gouvernement et l'autorité suprême.

Midhat pacha ne devait pas tarder, ainsi qu'on l'a vu, à reconnaître son erreur et à l'expier cruellement.

Comme le font certains charmeurs de serpents, il avait tout simplement réchauffé une vipère pensant donner la vie à une modeste et pauvre couleuvre.

Mais, n'anticipons pas sur les événements.

Midhat pacha, par son véritable patriotisme, par sa connaissance des choses de la Turquie et de l'étranger, pouvait et devait jouer, comme son ancien collègue, Hussein-Aveni, un rôle considérable dans le cours des événements qui amenèrent les Russes des bords du Danube aux murs de l'antique Byzance.

Malheureusement, il ne garda le pouvoir que du 13 décembre 1876 au 5 mars de l'année suivante.

Dans un de ces moments où le champagne délie la langue, un de ces moments que redoutait précisément Hussein-Aveni, Midhat pacha, reconnaissant son erreur, avait manifesté, avec ses regrets, la volonté de ramener Mourad au pouvoir.

Cette volonté, rapportée à Abd-ul-Hamid par un de ces fameux espions qui, déjà, commençaient à se faufiler partout, sûrs de l'impunité et des bonnes grâces de leur Maître, précipita la chute du Grand Vézir, et priva la malheureuse Turquie des services qu'elle avait le droit d'en attendre.

Nous verrons plus tard comment le vindicatif Sultan rouge attira Midhat pacha à Constantinople pour le faire passer en jugement, le faire exiler et assassiner.

Rédif pacha, qui avait été chargé de notifier à Abd-ul-Aziz sa déchéance, occupait le poste de Séraskier ou Ministre de la guerre au début des complications turco-russes, alors qu'Edhem pacha, successeur de Midhat, était Grand Vézir.

Fanatique dans le sens que nous donnons trop facilement à ce mot, quand il s'agit des Musulmans, le nouveau Séraskier détestait les Européens; mais il était brave et énergique.

Dès la déclaration de la guerre, il avait fait proclamer la guerre sainte et, d'un coup de véritable audace, enlevé à Stamboul les vieux privilèges qui exemptaient ses habitants du service militaire.

Toute la population valide avait été enrôlée;

en peu de jours, le Séraskier était parvenu à combler les vides des bataillons.

Son activité était énorme, et il pouvait, à bon droit, se vanter d'avoir mis l'Empire en état de lutter contre son adversaire.

La main qu'il avait portée sur les vieux privilèges de la capitale de l'empire ottoman avait rendu Rédif pacha très impopulaire ; et lorsque les Russes, après s'être emparés de toute la ligne du bas Danube et de la Dobroudja, envoyaient le général Gourko chasser les Turcs des Balkans, la panique qui régnait à Constantinople se transforma en haine contre le Séraskier et le *Serdar-Echrem*, généralissime, Abd-ul-Kérim, que l'on accusait d'incapacité.

La partie était trop belle pour qu'Abd-ul-Hamid n'en profitât pas pour se débarrasser d'un des hommes qui avaient contribué à son ascension au trône :

Rédif et Abd-ul-Kérim furent destitués et traduits devant une cour martiale sans qu'on osât les juger.

On se défit de ces deux personnages en les envoyant en exil.

Des hommes qui avaient eu la puissance dès l'intronisation d'Abd-ul-Hamid, un seul devait survivre et voir son autorité aller en s'accentuant, jusqu'au jour où, très avancé en âge, il se voyait à son tour mis à l'index sous le prétexte fallacieux d'écrire l'histoire secrète d'Yildiz.

Nous voulons parler du médecin particulier de Sa Majesté, le docteur S. Mavroyeni pacha.

Mais avant d'aborder le récit de la carrière de cet homme remarquable, dont l'influence a été considérable pendant plus de vingt ans, nous devons dire un mot du Grand Vézir Méhémet Ruschid pacha.

Quand le triumvirat, dont il constitua une des meilleures têtes, eut renversé Abd-ul-Aziz, au profit de Mourad, et celui-ci au profit d'Abd-ul-Hamid, il ne tarda pas à se voir remplacer par Midhat pacha, ainsi que nous l'avons vu.

Ruschid, qui s'était si énergiquement opposé au remplacement du sultan Mourad V, n'avait pas tardé à voir clair dans l'âme du nouveau Sultan.

« J'ai mis trois mois à connaître Ab-ul-Aziz, disait-il un jour à son ami Akif pacha ; il ne m'a fallu que trois heures pour juger Abd-ul-Hamid. »

Et quand, après sa première entrevue avec lui, il eut à s'exprimer sur son compte, il n'hésita pas à dire au fameux Mahmoud Djelaleddin pacha, alors grand référendaire de la Sublime Porte ; « Notre nouveau Maître a tous les défauts imaginables, et la présomption par dessus le marché : il est ignorant de tout et croit tout savoir ! Celui-ci ne me dit rien qui vaille ». Et il ajouta, pénétré de regrets et de tristesse : « Haltt Iftik ! Quelle faute nous avons commise ! »

Dans ces conditions, conditions qui ne lui étaient pas inconnues, on doit comprendre combien Abd-ul-Hamid nourrissait de haine contre le serviteur qui avait osé s'exprimer de la sorte.

Aussi, lorsque ce Grand Vézir fut tombé du pouvoir, ne put-il se contenir et manifesta-t-il la joie la plus insolente.

Ainsi, des personnages qui lui avaient donné la souveraineté au détriment de son frère Mourad, aucun n'était en fonctions moins d'une année après son avènement.

Les circonstances et les événements paraissaient s'unir pour satisfaire et ses projets et ses haines.

Il semblait en vérité qu'un mauvais génie protégeait le nouveau Padischah, au détriment de la Turquie.

Le mauvais état de la santé de Ruschid l'empêcha de comparaître au procès intenté à Midhat.

Retiré dans son pays natal à Bergama, près de Magnésie (Smyrne), il succomba à la maladie dont il souffrait depuis longtemps.

Le médecin particulier du Sultan est le seul, avons-nous dit, qui ait vu son influence aller en s'accentuant jusqu'au jour où, très avancé en âge, il se voyait à son tour mis à l'index.

Le docteur S. Mavroyeni pacha descendait de l'illustre famille des Mavroyeni, à qui la Turquie est redevable d'un très grand nombre de services.

Venu au monde à Thérapia (septembre 1817), il fit ses premières études à Yeni-Keny et se rendit à Vienne pour y terminer ses études médicales.

De retour à Constantinople, il épousa Marie Calliady, issue elle-même d'une famille très honorable et des plus estimées.

Son voyage de noces ayant eu lieu à Paris, il profita de son séjour parmi nous pour fréquenter nos illustres professeurs et suivre assidûment leurs cours.

Revenu à Constantinople, pour s'y établir définitivement, il fut embrigadé parmi les médecins du palais impérial.

Comme ses nouveaux collègues, il était de service une fois par semaine.

Ce fut pendant une de ses gardes que le prince Abd-ul-Hamid le fit demander pour une indisposition dont il souffrait depuis quelque temps et, satisfait de ses soins, l'attacha particulièrement à sa personne en remplacement de son médecin qui venait de se suicider.

A partir de ce moment, Mavroyeni ne quitta plus son impérial client et fut mêlé à tous les événements importants qui se sont passés avant et depuis l'avènement au tróne d'Abd-ul-Hamid.

Il est incontestable, ainsi que nous l'avons dit en différentes fois dans nos ouvrages et dans un article publié par la *Revue diplomatique,* que le rôle de Mavroyeni pacha a été non seulement considérable, mais encore des plus favorables aux véritables intérêts de la Turquie.

Tant qu'il fut puissant près de son maître, à qui il n'hésitait pas parfois à tenir tête, ce dernier se maintint dans certaines limites de son pouvoir absolu.

Quand, succombant aux embûches que lui avait tendues une malheureuse, le médecin en chef et particulier du Sultan vit son domicile envahi par les espions chargés de saisir sa correspondance et les notes secrètes qu'il écrivait, disait-on, sur les faits et gestes de son impérial client ; quand ses adversaires, dont la plupart lui devait leur haute situation, eurent suffisamment annihilé la bonne influence qu'il exerçait sur son souverain et ami, on vit ce dernier, désormais livré à ses propres impulsions, se transformer de Sultan blême en Sultan rouge.

Les massacres de Constantinople et la terrorisation qui depuis s'est accentuée chaque jour davantage, coïncident en effet avec la mise en suspicion et la perte d'influence du fameux médecin.

Le Grand Vézir actuel, Saïd pacha, doit à Mavroyeni la cessation de l'exil auquel l'avait condamné une première fois la camarilla yildizienne.

On peut en dire autant de beaucoup d'autres personnages, car Mavroyeni pacha fut toujours un agent de paix et de conciliation entre son terrible maître et ses nombreux serviteurs.

De son mariage le docteur Mavroyeni pacha eut trois enfants : une fille, aujourd'hui Mme Hélène Sicaki, et deux fils : Alexandre et Demitrius ; le premier, actuellement prince de Samos ; le second résidant à Marseille, où il a été pendant longtemps consul général de Turquie.

Ancien collaborateur de Mavroyeni pacha ; son ami toujours, malgré certaines divergences d'opinions et les critiques que nous avons pu formuler à une époque reculée, nous avons tenu à rendre cet illustre confrère l'hommage que nous devions à son caractère indépendant et chevaleresque.

C'est du reste ce que nous avions déjà fait en écrivant dans la *Revue diplomatique* :

« Au milieu de la corruption qui entoure Yildiz, au sein de toutes ces fortunes scandaleuses, je n'ai trouvé que quatre pauvres : Fouad pacha, que j'ai surnommé le Murat de l'armée turque ; le frère de lait du Sultan, son portrait vivant, Ismet bey ; Ghazi Osman pacha, le défenseur de Plewna, et le docteur Mavroyeni pacha. »

« Ces quatre pauvretés relatives, dans un tel milieu, plaident plus en faveur de l'honnêteté de ces personnages que tout ce que je pourrais en dire ».

CHAPITRE VII

—

ABD-UL-HAMID PRINCE, SOUVERAIN..... ET PERSÉCUTEUR MONOMANE.

—

Les portraits du prince et du souverain. — L'opinion d'un médecin aliéniste. — Un prince magicien. — Le vieux Cheickh Abdurrhaman-Essin et ses prophéties. — Les idées d'un règne. — Audaces et reculades. — La faiblesse et l'indignité de l'Europe.

———

Mais il est temps que nous montrions le Sultan sous son vrai jour, dans l'intimité de son double caractère de prince et de souverain.

Sa Majesté Abd-ul-Hamid Khan II est le troisième fils de Sultan Abd-ul-Medjid.

Né le 22 septembre 1842, il est aujourd'hui âgé de soixante ans.

C'est le 34ᵉ souverain de sa famille et le 28ᵘ depuis la prise de Constantinople.

Monté sur le trône d'Osman le 31 août 1876 —

12 Chaban 1293 — il succède à son frère Mourad V, comme celui-ci a succédé à leur oncle, le sultan] Abd-ul-Aziz de tragique mémoire.

Il est donc dans la vingt-sixième année de son règne.

Voici comment nous avons décrit ce Sultan dans notre *Turquie officielle*, il y aura bientôt 13 ans.

Au physique, Abd-ul-Hamid ne ressemble ni à son père ni à son oncle.

Moins grand, moins élancé, peut-être aussi moins délicat, sous un aspect tout aussi nerveux et maladif, avec cette nuance caractéristique que le sultan Abd-ul-Medjid était d'un tempérament lymphatico-nerveux, alors que son troisième fils possède un tempérament bilioso-nerveux (1). Sa Majesté Abd-ul-Hamid représente moins le type turc que le type arméno-judaïco-arabe.

Abd-ul-Hamid est un cérébral, une de ces natures de notre temps que Diderot pressentait quand il écrivait ces lignes :

« Je conjecture que ces hommes, pour la plupart d'un tempérament sombre et mélancolique, ne doivent cette pénétration extraordinaire et pres-

____

(1) C'est le tempérament par excellence de tous les despotes craintifs et ombrageux.

4

que divine qu'on remarque chez eux et qui les conduit à des idées tantôt si folles, tantôt si sublimes, qu'à quelque dérangement périodique de la machine.

« Oh ! que le génie et la folie se touchent de bien près !...

« Ceux que le ciel a signés en bien et en mal sont sujets plus ou moins à ces symptômes : ils les ont plus ou moins fréquents, plus ou moins violents, on les enferme et on les enchaîne, ou on leur élève des statues. »

Et, en effet, donnez à ce Padischah le courage des Mahomet, Charles-Quint, Cromwell, Pierre-le-Grand, Richelieu, Napoléon, et son règne, grâce à ses inspirations, à ses vues internes subites et justes, deviendrait un des règnes les plus remarquables de l'empire ottoman : sanglant peut-être. . Grand certainement !

Mais il n'en est pas ainsi : l'élément mélancolique avec sa névrose constante et sa folie intermittente — la folie circulaire au premier degré de certains auteurs dont je n'ai pas ici à discuter la théorie — domine trop son idiosyncrasie ; les anxiétés sans motifs, les craintes chimériques, les frayeurs organiques, les prostrations cérébrales, soigneusement entretenues par les gens les plus influents de son entourage, annihilent trop ses instincts de grandeur et ses velléités de courage; de là, le décousu de ses actes et le changement fréquent des personnages qui, par leur situation au palais, devraient être moins souvent envoyés en exil et en être rappelés.

Si, à ses qualités sérieuses, à son esprit de pénétration, le Sultan joignait le courage de son oncle Abd-ul-Aziz, cet autre névrosé couronné dont nous avons raconté la sanglante fin, il serait de ceux qui, suivant l'expression de Diderot, ont « été signés en bien par le ciel. »

Malheureusement, il n'en est pas ainsi.

Pour mieux juger cette physionomie impériale, pour mieux en pénétrer les caractères psychiques, pour arriver, en un mot, à connaître le moral, étudions le physique, dans tout ce qu'il a d'apparent et de révélateur.

Commençons par l'homme extérieur, il nous donnera la clé de l'être intellectuel.

Cette étude nous donnera également, plus tard, la raison de plusieurs de ses actes et nous aidera à mieux saisir son ondulante individualité.

D'une taille moyenne, plutôt petit que grand, n'ayant rien de l'ampleur opulente des formes qui caractérise le Turc de race, Abd-ul-Hamid présente

tous les caractères anatomiques et physiologiques,
qui résultent du mélange arméno-arabe : en fait,
c'est un type qui se rapproche beaucoup de celui
des Tziganes orientaux.

Son allure générale est caractérisée par une
dignité fatiguée, mêlée à une expression de tristesse mélancolique qui n'est pas sans charmes,
mais dont l'expression est comme le signe, le cachet
particulier des âmes tristes, toujours prêtes à ne
voir les choses qu'à travers un prisme aux couleurs
sombres.

Maigre, délicatement musculeux, mince, avec
la peau brune, sèche et chaude, le Sultan représente bien le tempérament bilioso-nerveux que
nous avons déjà signalé.

Sa barbe soignée, d'un noir foncé, épaisse, assez
courte, légèrement grisonnante, est taillée un peu
en pointe.

Le front, autant que l'on peut en juger sous le
fez, est un peu large, assez droit, légèrement bombé
sur les arcades sourcilières, très creusé aux tempes, un peu plissé en travers et en long. Les lignes
qui s'enfoncent verticalement dans la racine du
nez, lignes indiquant le travail méditatif et profond
de la pensée, sont assez accentuées. L'œil est d'un
gris noirâtre, plutôt grand, bien dessiné, pensif,

un peu voilé, pénétrant, affectueux sans douceur, très mobile et anxieux ; il est enfoncé dans son orbite, quoique le globe oculaire soit assez proéminent. Les paupières, aux cils épais et longs, sont toujours, surtout la paupière inférieure, plus ou moins estompées.

C'est bien là l'œil d'un penseur, d'un méditatif soupçonneux, avec une puissance subjective de volonté.

Le nez long, mince à sa racine, courbé, osseux, fort aux narines, est aussi bien le nez turc que le nez arménien (1). — Une légère déviation existe à sa racine, côté gauche. — La bouche est grande, les dents sont écartées, plutôt jaunes que blanches, la lèvre inférieure plus forte, plus épaisse, plus grasse que la supérieure, un peu fendillée au centre, bien dessinée, mais énergique, offre un mélange de sensualisme prononcé et de bonté relative.

Les cheveux qui paraissent aux tempes, entre le nez et la barbe, sont noirs, courts, presque ras.

Le crâne fuit vers le sommet ; celui-ci est élevé. Le cervelet est très-prononcé.

(1) Physiognomoniquement cet organe indique une volonté plus despotique que constante, car son exagération détruit beaucoup sa puissance.

Les oreilles longues, vigoureusement, sèchement taillées, collées à leur base mastoïdienne, repoussées et avançant un peu dans leur partie supérieure, sont anémiques, presque diaphanes. Les sourcils noirs sont bien dessinés, celui de gauche est plus élevé et plus arqué.

Le teint, peu coloré, paraît bistré, fatigué, pâle.

L'ensemble de la physionomie est d'un ovale très allongé.

Les mains fines, sèches, sont inquiètes et nerveuses. Les ongles roses, bien incrustés, sont courts, taillés à la Turque, c'est-à-dire en rond.

Les pieds, assez cambrés, s'allongent minces, élégants.

Les attaches ont une finesse de race.

En somme, Abd-ul-Hamid, déjà grisonnant, paraît grandement son âge.

Une voussure assez prononcée du dos, voussure qui l'oblige à se tenir un peu incliné, augmente encore son aspect maladif et âgé.

Sa voix vibre, sympathique et sonore. Il parle moins bas que ses sujets: Sa parole est nette, autoritaire, sans brusquerie quand il se surveille; elle devient un peu confuse quand il s'abandonne.

Il sourit peu devant des étrangers, mais sa physionomie exprime facilement une bienveillance marquée.

Sa Majesté possède une grande qualité pour un souverain :

Elle sait écouter !

La mémoire de la vue est excellente, grâce à la conformation de l'œil, par contre, celle des noms est moindre . . . .

. . . .

Maintenant que nous connaissons le portrait du Maître de l'empire ottoman, étudions-le au point de vue moral. Allons du simple au composé.....
....Si notre vieil ami Desbarolles vivait encore et s'il avait à écrire le portrait psychologique du Padischah actuellement régnant, il commencerait par déclarer que sa Majesté impériale est placée sous l'influence — conformément à son système des signatures astrales — *de la Lune*, de *Saturne*, de *Vénus* et de *Jupiter* !

Il y a, en effet, chez le troisième fils d'Abd-ul-Medjid, le sentiment prononcé d'une fatalité puissante. C'est ce sentiment, cette foi religieuse et fanatique, qui domine le plus dans son existence ou, pour être plus exact, dans chacune des manifestations vivantes de cette existence.

Ces quatre planètes, toujours d'après le système de cet excellent et si remarquable Desbarolles, lui donnent les qualités et les défauts qu'elles représentent.

Ces qualités sont :

Une prudence excessive; l'amour du travail, une sorte de lucidité, de clairvoyance caractéristique; une pénétration rapide de l'ensemble des choses ; un besoin très sensible de commettre des actions généreuses ; l'amour du beau et de la chair ; celui du luxe et du confortable dans toutes ses nuances; la préoccupation de ce que l'on peut dire de lui ; l'aversion de la guerre; la recherche du bien-être et du faste dans tout ce qui l'entoure, alors qu'il est, lui, d'une grande simplicité et comme toilette et comme besoins personnels ; une générosité singulière, s'alliant à un vif besoin de possession et de commandement; la recherche du juste et du vrai dans les actes et les procédés, l'aptitude pour les sciences *occultes* et les sciences vulgaires.

Les défauts, qui sont toujours les ombres, les reflets obscurs des qualités, se manifestent en lui par :

La mobilité trop active de ses pensées ; la tristesse des mélancoliques, névrosés que les Anglais appellent si justement des *lunatiques* ; l'exagération de la prudence, c'est-à-dire la méfianc poussée à l'extrême, la peur dans tout ce qu'elle a d'illogique et de féroce ; le manque de virilité et d'énergie constante ; une avarice toujours en lutte avec la générosité ; les troubles intellectuels et physiques qui résultent des décoordinations des fonctions du système nerveux, et tous les caractères que nous avons signalés comme étant le triste apanage des *Cérébraux* ! »

. . . .

Depuis le jour où nous avons tracé ce portrait, le temps a singulièrement modelé les traits et la physionomie du Sultan rouge ; et ce modelage est loin d'être en sa faveur. C'est aujourd'hui, après vingt-six ans de règne, un type étrange, rappelant plus Quasimodo que le Prince dont nous venons de lire le portrait, écrit treize ans après son avènement au pouvoir.

La description suivante que nous empruntons à l'ouvrage : *Abd-ul-Hamid intime*, publié par la maison Stock, donne une parfaite image de ce que les années ont fait de ce souverain. C'est bien ainsi, exactement ainsi, que nous l'avons revu en octobre dernier.

La personne du Sultan, dit l'auteur, a subi, avec

le temps, de grands changements, et c'est avec beaucoup de peine que l'on reconnaîtrait en lui, aujourd'hui, le prince Hamid dont nous donnons le portrait tel qu'il a été fait lors de son avènement au trône.

Les mâchoires se sont élargies, donnant à ce visage une brutalité qu'il n'avait pas ; les pommettes, jadis absentes, saillent aujourd'hui sur les joues creuses que couvre, depuis plus de vingt ans une barbe courte qui serait grise, si, au moyen d'un mélange de café, de héné et de noix de galle, dont la recette lui fut indiquée par un Cheïkh, il ne la teignait lui-même, et fort mal, des tons les plus variés du brun et du roux.

Le front, légèrement bombé, cache sa calvitie sous l'énorme fez qu'il a mis à la mode en Turquie, et dont la forme, le volume et la couleur font paraître plus maladive encore la pâleur émaciée de la face.

Le nez s'est busqué davantage. Une moustache plus forte, également teinte, et que sa main fine et maigre caresse souvent dans un geste machinal, cache maintenant presque tout-à-fait sa lèvre supérieure, fine et méchante ; l'inférieure s'est encore épaissie et a accentué son expression sensuelle ; le pli de cruauté qui complète le caractère de cette bouche si intéressante pour un physionomiste, est aussi plus profond et plus visible.

Les tempes plates, sur lesquelles les orbites très écartées semblent mordre, se sont creusées, et les yeux, à demi-cachés maintenant sous la paupière affaisée et le sourcilier appesanti, semblent abriter dans des cavernes d'ombre la flamme vacillante de leurs regards.

Les yeux sont ce que cette physionomie, pourtant si complexe, a de plus déconcertant ; ils reflètent la plupart du temps, il est vrai, la tristesse inquiète et la fausseté ; mais par moments, fixes, voilés, sans regards, comme absorbés dans une mélancolie impénétrable, ils deviennent l'instant d'après, d'une mobilité, d'une acuité fantastique si la colère ou la crainte vient jeter son éclair rapide dans leur iris gris foncé, de la couleur des ciels d'orages ; et comme les yeux des fous, ils causent alors à ceux qu'ils fixent une impression pénible et angoissante, qu'on ne supporte qu'après une assez longue habitude.

En somme, toute la physionomie du Sultan a affirmé ses divers caractères, même celui de douceur hypocrite qu'elle revêt par moments.

De taille moyenne, un peu rachitique et d'une maigreur qui le désespère, il semble aujourd'hui n'avoir plus que le souffle et il ne vit en effet que par les nerfs.

Une semblable constitution devrait influencer sa mentalité.

Abd-ul-Hamid est effectivement un neurasthé-nique, un monomane, et son état physique peut seul expliquer les contradictions de son caractère.

Un turc qui a vécu longtemps dans son intimité a dit de lui : « Je ne sais encore s'il est intelligent ou stupide, courageux ou poltron, raisonnable ou fou. »

Sa psychologie, en effet, est un problème, — un problème toutefois que l'on peut résoudre par l'étude.

. . . .

Pour en finir avec l'étude, classique dans la patho-logie mentale, de ce type étrange, si peu compris par beaucoup de nos hommes d'Etat, nous donne-rons le jugement qu'à porté sur lui, tout dernière-ment, un médecin spécialiste, revenant de Cons-tantinople. Ce médecin aliéniste, s'adressant à Ahmed-Riza, le courageux directeur du *Mechve-ret*, lui disait :

« Si on vous a critiqué, c'est que le public ne reconnaît comme fous que ceux qui sont enchaînés et claquemurés dans un asile d'aliénés ; il ne connaît pas, non plus, les bizarres variétés de délires qui se manifestent chez ces fous enfermés (1).

« La maladie de votre souverain est désignée, en pathologie mentale, sous le nom de *folie lucide* ou de *manie raisonnante*. L'aliéné atteint de cette affection peut causer comme s'il jouissait d'une raison saine, mais, au fond, toutes ses idées, toutes ses appréciations portent l'empreinte d'un jugement faux. L'intelligence de ce malade ne fonctionne que dans le sens de ses passions ; elle est appropriée aux besoins de son caractère ; très remarquable quand elle opère pour son compte égoïste, elle manque de sûreté et d'étendue dans toute autre circonstance. Malgré cette dose d'intelligence, il se livre à des actes extravagants, parfois même violents et criminels.

« Le maniaque raisonnant ne possède pas de force de caractère ; c'est un être dégénéré, malfaisant, sujet à des idées hypocondriaques, insensible à toute affection, fermé aux sentiments généreux ; il est acariâtre, exigeant, intolérant, jaloux, menteur, soupçonneux, malveillant, moqueur, lâche, poltron, superstitieux. Le despotisme, l'impudence, la fourberie, l'intrigue et l'hypocrisie sont ses défauts familiers.

(1) *Mechveret* du 15 mai 1901.

« Il ne connaît que ses caprices et ne se conforme à aucune règle générale ; il se croit un homme supérieur et compétent. Lorsqu'il occupe une haute position sociale, son suprême bonheur consiste à commander et à vouloir gouverner le monde dans tous ses détails.

« Abd-ul-Hamid présente au plus haut degré tous ces caractères : on peut donc le considérer comme le type le plus complet de la manie raisonnante.

« Mais, ce n'est pas tout : la grande maladie du Sultan est le *délire de la persécution*. C'est autour de cette idée fixe que les autres manies accessoires, telle que la manie religieuse, viennent se grouper. La religiosité se manifeste chez lui sous la forme d'une perversion ou exaltation mystique. Car, d'après ce qui m'a été assuré, le Sultan ne pratique aucune des règles morales de l'islamisme.

« La vie qu'il mène, depuis vingt-cinq ans, dans un château-forteresse, isolé de son peuple et de ses parents, mais entouré de quinze mille soldats, suffit à elle seule pour nous fixer sur ses troubles mentaux.

« Le délire de persécution ne se présente pas à l'état passager chez lui ; il est chronique et coordonné, toutes ses préoccupations se concentrent sur une seule et même pensée : la sauvegarde de sa personne. Il se plaint qu'il y ait des gens acharnés contre lui, qu'on ne cesse de répandre sur son compte les plus affreuses calomnies ; il interprète comme des manifestations dirigées contre lui les articles des journaux et les faits insignifiants ; il voit partout des puissances occultes, des sociétés secrètes ; ses inquiétudes ne l'abandonnent pas un instant ; il change fréquemment d'appartement ; il s'imagine qu'on empoisonne ses aliments et ses boissons ; en un mot il ne voit partout que des ennemis, et c'est pourquoi aussi il est toujours muni d'un revolver. Chose non moins étrange, il n'accuse jamais personne sans apporter des preuves à l'appui de ses dires, mais ses preuves sont naturellement aussi puériles que ses accusations.

« Voilà l'état mental de votre souverain. Malheureusement pour votre beau pays, les malades de ce genre n'arrivent à la démence complète qu'à un âge avancé. »

En voilà assez, n'est-ce pas, pour autoriser la rédaction d'un *fetva* de déchéance, analogue à celui qui fut donné, sous la pression publique et celle des ambassadeurs, plusieurs semaines après la conspiration qui renversa Mourad V.

Comme tous les neurasthéniques, Abd-ul-Hamid est très porté vers les sciences occultes et la magie.

Des personnes bien informées affirment qu'il pratiqua certaines cérémonies de la magie noire alors que, jeune prince, il aspirait déjà à supplanter son frère.

Ces pratiques lui avaient valu d'assez vives remontrances de son père. Ce dernier le jugeait du reste très sévèrement, et ne craignait pas de manifester fréquemment le peu de confiance qu'il avait en lui.

C'est ainsi que, causant avec un notable arménien, du nom de Mihran Bey Duz, Abd-ul-Medjid lui dit, en lui montrant Abd-ul-Hamid :

« Je suis tranquille sur le compte de mes autres enfants ; Mourad me donne les plus vives satisfactions ;...... mais je désespère de corriger celui-là, car il n'annonce rien de bon. »

Très peu aimé de ses jeunes frères, qui lui préféraient de beaucoup Mourad, Hamid, pâle et maladif, vivait le plus souvent à l'écart, concentrant en son âme ses passions ombrageuses et vindicatives.

Plusieurs astrologues et devins lui avaient prédit le trône et un long règne, et leurs prophéties n'avaient pas peu contribué à développer son ambition naissante.

Il existait à cette époque un cheïkh nommé Abdurrahaman-Essin, dont la réputation était considérable.

Ce cheïkh, déjà très âgé, avait été recommandé au prince Hamid par Nedjib pacha. Celui-ci lui avait dit comment le devin lui avait prédit la cessation de son exil et son retour en grâce.

Or, un jour que le prince commentait des passages du Coran en compagnie du vieux cheïkh, ce dernier s'écria :

— O Prince ! s'il plaît à Dieu, vous serez bientôt Sultan !

Et comme le Prince lui faisait remarquer qu'Abd-ul-Aziz était dans la force de l'âge et le Prince héritier Mourad en bonne santé, le vieux savant insista vivement, en déclarant qu'il obéissait à une force intérieure et qu'il était certain de ce qu'il annonçait.

Quand, moins de deux ans après, les événements prédits par le vieux sage se furent réalisés, Abd-ul-Hamid le fit venir à Constantinople, près de sa personne, l'entoura d'égards et lui accorda toute sa confiance.

Abdurrahaman-Essin a laissé une certaine réputation de sainteté ; malheureusement pour cette réputation, nous devons déclarer que ce fut lui qui porta à Osman-Nouri pacha, gouverneur du Hedjaz, l'ordre secret de faire tuer les pachas Midhat et Damad-Mahmoud.

Ce fut également ce cheïkh qui fut chargé, avec d'autres de ses collègues, d'aller prêcher la croisade panislamique en Arabie.

L'ancien astrologue d'Yildiz, dont nous avons parlé dans *la Turquie officielle* et dans *les Bas-fonds de Constantinople*, nous a plus d'une fois affirmé que le prince Hamid, devenu l'héritier du trône par l'arrivée au pouvoir de Mourad, n'avait pas hésité à pratiquer sur son frère l'envoûtement si à la mode au vieux temps de Catherine de Médicis et d'Henri III.

Non seulement il nous affirma le fait, mais il nous mit en relations avec le magicien de Stamboul qui avait fait la poupée de cire représentant Mourad, et que son frère devait piquer avec des épingles selon le rituel consacré à ces sortes d'opérations.

L'auteur d'*Abd-ul-Hamid intime* va même plus loin : il affirme « qu'Hamid fit confectionner par un tailleur arménien nommé Djumboussian un habit que des sortilèges mystérieux douèrent à ses yeux de propriétés maléfiques ; après quoi, il offrit en don cette tunique de Nessus à son frère ainé. »

Le prince, devenu empereur peu de temps après,

a-t-il continué à pratiquer le rituel de la magie noire ?

Malgré l'assurance de gens généralement bien informés, nous pensons qu'absorbé par le soin incessant de sa conservation et par le travail qui lui incombe, il a renoncé à être un pratiquant, tout en continuant à recevoir et à honorer les hommes jouissant d'une certaine réputation dans cet ordre de choses.

Ce qui est certain, c'est que vingt-six ans d'un pouvoir absolu, sans contrôle, ont singulièrement altéré les quelques qualités qu'il possédait au profit du développement considérable de ses passions, augmentées de tout ce que peut produire d'incohérent et de fâcheux le délire de la persécution.

Le délire de la persécution ! c'est en effet la clé qui permet à l'observateur de pénétrer dans l'étrangeté des actes Hamidiens : C'est à lui, que l'on doit cet aspect si bizarre de ce sombre Sultan de la décadence, tour à tour bienveillant et féroce, paternel et sanguinaire, austère et débauché, avare et généreux, poltron et sans pitié, versant le sang et le faisant verser, non par amour des champs de bataille, mais pour se préserver de l'atteinte d'assassins imaginaires.

Abd-ul-Hamid sait, malgré ses courtisans et leurs mensonges intéressés, qu'il est plus craint qu'aimé. De là ses terreurs quand il lui faut, une fois par an, quitter sa redoute somptueuse d'Yildiz pour se rendre au vieux palais de la Pointe du Sérail.

Malgré la police formidable qu'il entretient partout, chez lui comme dans les Cours et les États européens, malgré sa finesse d'observation et ses intuitions maladives, le Sultan rouge a fait plus d'une fois faussé route dans la direction de sa politique extérieure.

Un jour, tout à l'Angleterre ; un autre, tout à la Russie ou à l'Allemagne, — ce qui est le cas depuis plusieurs années, — Abd-ul-Hamid jongle en somme assez maladroitement avec les ambitions et les jalousies de l'Europe.

On lui a fait à cet égard une réputation de fin diplomate qu'il est loin de mériter, car ses audaces, en vue de l'affranchissement de son pays de la tutelle de l'Europe, ont toujours tourné à son désavantage.

Chaque pas qu'il a voulu faire en avant s'est transformé en reculade prononcée et en déficit pour l'Empire.

Toutes ses tentatives en faveur de son peuple,

se sont chiffrées par une augmentation de misère et d'esclavage.

Quand il veut se soustraire à l'action financière industrielle et commerciale des Arméniens, il provoque l'épouvantable massacre que l'on connaît et appauvrit son pays de toutes les ressources qui résultaient des faibles libertés accordées primitivement à ce peuple.

Quand il veut se faire reconnaître comme chef tout-puissant de l'Islam, il n'arrive qu'à mécontenter les tribus arabes et à semer parmi elles les germes de la révolte.

Cette force de l'Islam, dont il veut pouvoir se servir dans un moment donné, lui échappe des mains et va s'éparpillant au profit des ambitieux de l'Arabie et du Soudan.

Ses tentatives contre l'Europe ne sont pas plus heureuses : que ce soit la question des postes, celle des lieux saints, celle de ses créances, celle des capitulations, dont il cherche à chaque instant et de toutes façons à s'affranchir, rien ne lui réussit; ses audaces sont toujours l'avant-propos de honteuses reculades.

Non seulement ce triste Sultan ne peut réaliser aucun de ses grands projets, mais il semble que jamais un Souverain ne se soit, comme lui, trouvé sous la dépendance des coteries ambitieuses et des suggestions émanant des nombreuses ambassades européennes.

C'est que, pour réaliser ces projets dans leur grandeur et dans les détails qu'ils comportent ; pour soustraire la Turquie aux loups dévorants qui l'entourent, n'attendant que sa chute pour se précipiter sur elle et s'en partager les dépouilles, il fallait la griffe d'un lion et non celle d'un pauvre renard.

Or, nous l'avons déjà dit, dans le règne animal, Abd-ul-Hamid ne serait même pas un renard, il ne serait qu'un maigre et chétif chacal.

Et voilà pourtant l'homme qui est traité de frère par l'Empereur Guillaume II ; voilà l'homme à qui les états européens ont adressé des princes, des amiraux, des généraux et beaucoup d'autres seigneurs de moindre envergure, chargés d'exprimer en leurs noms toutes leurs félicitations à l'occasion de son vingt-cinquième anniversaire.

L'Europe, s'associant ainsi au règne d'un des plus « grands assassins. » des temps modernes, n'ayant pour excuse que l'inconscience que confère la folie, l'Europe n'est-elle pas elle-même,

non dans ses peuples, mais dans ses gouvernements, digne du plus grand mépris?

Nous laissons le soin de répondre, à la conscience
de nos lecteurs !

CHAPITRE VIII

—

LE SULTAN ROUGE ET LES FEMMES

—

Courte excursion dans l'Islamisme. — Le MABEÏN ou harem
impérial. — Son organisation. — Ses avantages et ses
vices. — Les femmes de 1ʳᵉ, 2ᵉ et 3ᵉ catégorie. — La Sultane-Validé et l'intendante générale. — Les amours
d'Abd-ul-Hamid. — Comment les femmes pénètrent dans
la couche impériale. — Que deviennent les vieilles lunes.
— Comédies, drames et tragédies. — Conclusion.

———

Ainsi que nous l'avons dit dans un de nos volumes précédents, il faut, pour bien saisir l'institution du Harem impérial, cette plaie rongeante des
finances turques, que nous nous pénétrions bien
de la pensée qui a dirigé l'islamisme dans cet ordre
d'idée jusqu'à ce jour.

Le Sultan ou Khalife n'est pas un mortel ordinaire, soumis à des prérogatives, à des droits,
comportant des devoirs plus ou moins étendus;
c'est, aux yeux de la loi musulmane, l'Etre en

dehors des êtres! Par sa toute-puissance spirituelle et temporelle, il est le représentant de Mohammed sur la terre, l'ombre de ce dernier, comme celui-ci était l'ombre et le vicaire de Dieu — *Zil-Allah !*

A cette conception idéale et mystique de la souveraineté, les musulmans ont attaché une telle ampleur de vues, une telle puissance surnaturelle, qu'ils ont placé le Sultan au-dessus des lois humaines et des conditions communes de l'humanité.

Le Grand Padischah ne peut être atteint par les lois qui régissent le commun des mortels ; il est au-dessus d'elles comme la grande idée de Dieu est au-dessus de toutes nos conceptions sociales et scientifiques.

Maître absolu de la vie de ses sujets, de leur fortune et de tout le territoire qu'ils occupent, les usages ordinaires et les coutumes, même les plus sacrés, ne peuvent s'appliquer rigoureusement à sa haute personnalité.

C'est là le principe qui fait que le mariage, tel que nous le concevons, ou que le conçoivent les musulmans, ne peut s'appliquer au maître de l'empire ottoman. Ce principe est très clairement défini par ce proverbe : *Padischah yassak yok dur*. « Au Sultan, rien n'est défendu. » Dire par conséquent de cet autocrate qu'il possède tant de femmes légitimes et tant de concubines, c'est rapetisser la question à notre taille et nous égarer dans une classification aussi impropre que peu en rapport avec la vérité. Mais, comme il faut qu'ici-bas les choses aient une certaine étiquette et soient classées de façon à rester dans la mémoire, nous allons indiquer à grands traits la composition du harem des maîtres de la Turquie.

Le Harem impérial a été, de tout temps, une institution à part, complètement distincte du corps social, dont il semble pourtant être la clé de voûte, clé singulièrement adaptée aux principes religieux de l'islamisme.

Les houris ne pouvant descendre de l'empyrée pour se mettre à la disposition du Chef des Croyants, ce dernier, ne pouvant, à son tour, abaisser sa toute-puissance, au point de faire monter les femmes de son peuple à son niveau, on eut recours à un terme moyen et, afin de perpétuer la race d'Osman, on peupla le harem souverain, d'esclaves venues de l'extérieur, n'ayant avec la nation pas plus de relations qu'avec le ciel.

Grâce à ce procédé, le Souverain, isolé de tous, reste à la hauteur de sa mission, formant avec son entourage un monde spécial, une société à part, vivant de sa propre vie, en dehors des influences extérieures.

C'est cette organisation qui porte le nom de *Mabeïn*, ou maison particulière du Sultan.

L'élément féminin, élément dont nous avons surtout à nous occuper ici, a, à sa tête, la Sultane-Validé, ou mère du Sultan. Quand cette dernière n'existe pas, c'est la mère nourrice qui occupe son poste.

La Sultane-Validé jouit d'une influence considérable, non seulement sur tout le personnel féminin du harem, mais encore sur son propre fils. Les Turcs sont, en effet, respectueux de leur mère comme nous n'en avons pas idée. Ce respect, cet amour véritable s'adresse également à la mère nourrice. C'est là un titre qui ne s'efface jamais. Aussi les *mères de lait*, prennent-elles rang, comme leurs fils et leurs filles, dans la famille de ceux qu'elles ont nourris. La nourrice d'une majesté ottomane porte le nom de *Taïa-Kadine*, ou, comme nous l'avons déjà dit, celui de Sultane-Validé, quand cette dernière n'existe pas.

La mère du Sultan occupe donc la plus haute place dans la hiérarchie du harem ; c'est le chef suprême, la Sultane par excellence, ayant droit de vie et de mort sur toutes les femmes qui sont sous ses ordres.

Immédiatement après elle viennent la *Hasnadar-Ousta*, ou grande maîtresse du Trésor ; la *Bache-Kadine*, ou première femme du Sultan ; les deuxième, troisième et quatrième Kadine ; la *Bache-Ikbal* ou première favorite de sa Majesté ; puis les deuxième, troisième, quatrième, cinquième, etc... ikbals ; les *Guieuzdés*, ou les demoiselles....et ici, nous avouons qu'il nous est bien difficile de traduire exactement le titre de ces demoiselles par un mot ; en tout cas, voici exactement la chose : les *Guieuzdés* sont les esclaves, comme toutes les autres, du reste — que le Sultan a distinguées par un coup d'œil ou par un mot. Ce sont donc des aspirantes à la couche impériale ; quelquefois aussi plus que des aspirantes, car le coup d'œil du maître a suffi pour les y faire pénétrer. Quoi qu'il en soit, la seule traduction possible du mot est : *soupirantes à l'œil ou sous l'œil ; les Kadines effendis*, c'est-à-dire les mères de princes ou princesses impériales ; enfin les *Sultanes*, ou princesses du sang, non mariées.

Chacune de ces dames possède une maison particulière que l'on appelle *Daïra*, ou cour.

Voici l'organisation d'une de ces daïras. Nous prenons pour exemple celle de la première Kadine :

1º Une première trésorière ;

2º Une première secrétaire ;

3º Une première garde des sceaux ;

4º Une première maîtresse de la garde-robes ;

5º Une première dame pour verser de l'eau ;

6º Une maîtresse des sorbets, consommations diverses, etc.

7º Une première dame pour offrir le café ;

8º Une première intendante.

Bref, une douzaine de grandes dames, portant le titre de *Kalfas* ou maîtresses, et ayant chacune de six à dix jeunes élèves, dont les titres correspondent à celui de leur maîtresse. C'est ainsi que, pour la *Kalfa* première garde des sceaux, existent six *alaïkes* ou petites gardes des sceaux ; pour la *Kalfa* première secrétaire, six autres *alaïkes* ou petites secrétaires, et ainsi de suite pour toutes les Kalfas ou maîtresses. Ce qui donne, pour la seule daïra de la première Kadine, plus de soixante-quinze femmes.

Les autres Cours, pour être moins importantes, sont à peu près montées sur le même pied. Elles ne diffèrent que par un nombre plus restreint de personnel. Or, en calculant les choses au plus bas mot, en ne comptant que vingt *daïras* ou Cours, composées d'un minimum de quarante femmes, nous arriverons au chiffre, déjà très respectable, de huit cents femmes, presque toutes jeunes et jolies, pouvant, d'un moment à l'autre, suivant le caprice du maître, escalader les échelons hiérarchiques conduisant à la possession de ses faveurs.

Que dirons nous du luxe, de la folle prodigalité qui existe dans ces daïras ? L'envie et la jalousie sont les éléments qui poussent chaque maîtresse d'une daïra aux dépenses les plus folles et les plus insensées. Chacune possédant, outre le personnel déjà indiqué, toute une nombreuse domesticité d'eunuques, de palefreniers, d'esclaves diverses, parmi lesquelles se trouvent les musiciennes, les dames du corps de ballet et les femmes blanches et noires chargées de la grosse besogne, cuisine, préparation des bains, soins de propreté générale, etc..., on peut aisément se faire une idée de ce que coûte, à la liste civile et au Trésor, l'entretien de ces cours particulières.

C'est là un gouffre qui a englouti jusqu'à ce jour la plus grande partie des revenus de l'empire !

Le Harem n'est pas une communauté, ainsi qu'on pourrait le supposer. C'est une réunion de petits états distincts, ayant chacun son administration et formant une confédération sous la haute et toute-puissante direction de la Sultane Validé.

Il existe tout un cérémonial pour ce qui touche et concerne cette grande Maîtresse du Harem. Ce cérémonial comprend la façon dont on doit se tenir devant elle, la toilette dont on doit être revêtu, le langage dont on doit se servir ; tout y a été prévu et formulé en règles inflexibles (1).

Quand on lui adresse une requête, il est de bon goût de mettre en tête le titre le plus respectueux et le plus honorifique, tel, par exemple, que celui-ci : *Tatch-ul-mestourat*, ou *couronne des têtes voilées*, ce qui signifie qu'on honore en elle la première parmi les femmes voilées et pudiques, par opposition aux chrétiennes qui, ne portant pas de voile, sont considérées comme impudiques.

Pour mieux assurer à la Sultane-Validé les hommages qui sont dus à son auguste personne, le cérémonial ottoman a décidé qu'on ne se présenterait pas devant elle sans en avoir fait la demande ou sans qu'elle ait accordé une audience. Il n'est pas permis de s'asseoir en sa présence ; il faut se tenir debout, les mains croisées sur sa poitrine, la tête plus ou moins inclinée, et attendre qu'elle veuille bien vous interroger ou vous autoriser à parler.

(1) Ce cérémonial est connu sous le nom de *pencheh-divan*.

Chaque réponse doit être accompagnée d'une profonde révérence et des mots sacramentels : « Oui, Notre Dame », ou : « Non, Notre Dame ». Nul ne peut se présenter qu'en *Antari* ou costume de cérémonie, équivalant à la toilette en usage dans les Cours européennes. La plus grande favorite du Sultan ne se permettrait pas d'aller autrement chez la Validé.

Ces témoignages de vénération et de respect ne sont pas moindres à l'extérieur qu'à l'intérieur. Quand la Sultane-Validé sort, escortée par une suite vraiment princière, tous les corps de garde lui présentent les armes, et elle s'avance souvent entre une double haie de musulmans prosternés, priant la mère de leur Padischah de bien vouloir intercéder pour eux auprès de son impérial fils.

Les grands et les riches ne se montrent pas moins respectueux que le commun des mortels. S'ils reçoivent un message d'elle, ils le prennent avec les marques du plus profond respect, l'élèvent sur leur front, s'inclinent très bas et le baisent avant de l'ouvrir.

C'est encore à la Sultane-Validé que s'adressent les demandes et les requêtes, de quelque part qu'elles viennent. Si une des femmes du Sultan désire quoi que ce soit, il faut qu'elle lui fasse parvenir sa demande.

Maîtresse absolue de la discipline et de l'administration du Harem, c'est à elle qu'incombe le droit d'accorder ou de refuser les grâces et les autorisations demandées.

Pour être inférieure à la Sultane-Validé, la *Hasnadar-Ousta,* ou grande maîtresse du Trésor, n'en possède pas moins une autorité toute-puissante sur les Kadines, les Sultanes et tous les habitants du Sérail.

La charge la plus avantageuse et la plus lucrative, ainsi qu'on le pense, est en réalité celle de l'intendance du harem. Elle donne à la titulaire tout le pouvoir que la Sultane-Validé ne veut pas ou ne daigne pas exercer. Quand cette dernière n'existe pas, c'est-à-dire quand il n'y a ni mère du Sultan, ni mère nourrice, c'est la *Hasnadar - Ousta* qui devient la première dignitaire du Harem. Dans ce cas, elle est investie des pouvoirs et des prérogatives de la Sultane ou plutôt de l'Impératrice mère.

Cette influence considérable n'est pas limitée au Palais seulement. Elle s'exerce au dehors avec non moins de puissance. De là, naissent les fortunes fabuleuses et de la *Hasnadar- Ousta* et de son factotum ou confident.

C'est ainsi que la Hasnadar qui succéda à la mère du Sultan Abd-ul-Medjid dans la haute direction du harem, prit une telle part au gaspillage des deniers publics que son premier baltadji, ou coupeur de bois, c'est-à-dire domestique du bas service, réalisa, pour sa seule part, un bénéfice net de huit millions de francs.

Parmi les prérogatives de cette grande personnalité — et certes, parmi les prérogatives les plus enviées, — il faut mettre au premier rang le droit qu'elle a de se tenir près de Sa Majesté, lorsque cette dernière fait son entrée dans le harem, et la mission qui lui incombe de conduire dans la chambre à coucher du Sultan l'heureuse favorite qui doit partager sa couche. Rien de plus étrange pour un Européen que cette cérémonie — le mot n'est pas de trop, ainsi qu'on va le voir.

La personne qui doit, ce soir-là, avoir l'extrême honneur de distraire le Chef des Croyants de ses graves occupations est introduite par la Hasnadar-Ousta, parée de ses atours les plus brillants et de son sourire le plus voluptueux. On la fait entrer dans la chambre nuptiale quand le maître s'y trouve déjà ; elle s'incline alors profondément devant lui et demeure les bras croisés sur la poitrine, attendant ainsi le bon plaisir de sa Majesté.

Quand la Hasnadar-Ousta a préparé tout ce qui incombe à sa charge, elle se retire gravement, laissant en présence le lion et la gazelle (1).

Conformément à cette parole du Coran, qui pour mieux indiquer le degré d'infériorité de la femme vis-à-vis de l'homme, affirme que le *paradis de cette dernière est sous la plante des pieds de son mari,* — affirmation dont certains théologiens se servent pour priver les femmes qui ne sont pas mariées des joies célestes du paradis — la favorite de la nuit doit pénétrer dans la couche souveraine par les pieds du lit et non comme cela se pratique dans les cas ordinaires.

Pour opérer ainsi, elle baise d'abord la couverture, la porte à son front avec des marques répétées de profond respect et, la soulevant avec le drap qui y est cousu, elle se glisse sous ladite couverture, s'aidant de ses mains pour parvenir à côté de son Seigneur et Maître.

Une fois la place conquise, elle cherche par tous les moyens possibles à surexciter les sens de son impérial époux. Quand elle y est parvenue — ce qui n'est pas toujours chose facile — elle éteint

(1) Les Sultans sont appelés « Lions » par leur mère et leurs femmes ; les princes impériaux sont des « petits lions ».

les flambeaux, et les voiles de la nuit enveloppent le couple royal dans ses invisibles et ineffables mystères.

Comme de cette nuit peut résulter la gloire de devenir la mère d'un Sultan, on comprend que ce n'est pas là une petite chose pour la femme qui est appelée à jouir, pour la première fois, des faveurs de son maître. Cette femme, fût-elle une simple esclave, c'est-à-dire une guieuzdé, passe immédiatement à la qualité d'ikbal ou favorite, et peut sortir Kadine ou future Sultane-Validé de la couche dont elle a partagé un instant les souveraines voluptés.

Les choses se passent-elles toujours ainsi? Et le sultan ne déroge-t-il pas parfois à ce rituel cérémonieux? Nous pouvons l'admettre, mais rien ne le prouve, car toutes les manifestations vitales du harem impérial sont ordonnées et réglementées par des lois excessivement sévères, dont le Sultan lui-même n'ose pas toujours s'affranchir.

Quand une sultane ou une ikbal se marie, elle jouit vis-à-vis de son époux des mêmes prérogatives. C'est alors elle qui occupe la place du Sultan, et c'est le mari qui doit se soumettre aux exigences de son impériale épouse, sans oublier un instant que, toute femme ayant eu les honneurs

ABD-UL-HAMID II
Au début de son sultanat.

de cohabiter, ne fût-ce qu'une heure, avec sa Majesté ottomane, est une femme sacrée, investie des privilèges attachés à la personne du Padischah. L'effet de ces privilèges se fait naturellement sentir encore plus puissamment lorsqu'il s'agit d'une fille de la maison impériale.

Comment la simple esclave passe-t-elle du rang dans lequel elle peut vivre toujours ignorée et inconnue à celui de guieuzdé, ou femme à l'œil ? Voici ordinairement ce qui a lieu :

Quand il prend fantaisie au Sultan de rendre visite à l'une de ses femmes ou à sa mère, la daïra ou cour de la personne visitée, mise en émoi par cette nouvelle, se prépare à faire à sa Majesté la réception la plus digne de son rang. Toutes les femmes se coiffent, se fardent, se couvrent des vêtements qui peuvent le mieux rehausser leur beauté, et attendent, avec une fébrile et anxieuse impatience, en formant la haie, l'arrivée du Maître.

Dès que celui-ci s'est assis sur le divan, ou le fauteuil qui lui est destiné, on lui présente, suivant le cérémonial d'usage, le café, les sorbets, les confitures, l'eau fraîche et limpide et la moderne cigarette.

C'est à ce moment seulement que les esclaves

chargées de servir ces rafraîchissements ont l'occasion de s'approcher du Sultan et de paraître devant lui dans tout l'éclat de leurs attraits naturels ou artificiels.

Tout en causant avec la personne qu'il est venu visiter, le Padischah qui, en fin de compte, est un homme comme un autre, ne se prive pas de regarder rapidement, en amateur qui s'y connaît, quelques-unes des jeunes et jolies houris qui lui versent son café, lui présentent les cigarettes, l'entourent de mille attentions plus délicates les unes que les autres et d'œillades rapides, dont les flammes attestent hautement l'impression produite par sa Majesté.

Si une de ces œillades impressionne suffisamment l'impérial visiteur pour lui faire demander : « Quelle est cette jolie esclave ? Comment s'appelle-t-elle ? » Ou bien, tout simplement : « Voici une jolie blonde ou une jolie brune, » l'esclave désignée devient immédiatement une guicuzdé ou une demoiselle dans l'œil.

La Sultane chez qui se passe la scène fait alors un geste et ordonne à l'esclave remarquée de s'approcher et de baiser la frange ou le bras du fauteuil sur lequel est assise la personne du *Chef des Croyants*.

C'est là ce qui constitue la présentation officielle et le passage à l'état de guieuzdé.

Dès que cette cérémonie a eu lieu, l'heureuse fille se retire immédiatement et passe dans un appartement spécial. Dès ce moment, on monte sa maison, et elle attend là, l'occasion, quelquefois rapide, parfois ne se présentant jamais, de passer au rang d'Ikbal ou favorite.

Une fois maîtresse de ce titre, elle est officiellement reconnue et a droit à une dotation mensuelle ainsi qu'aux honneurs d'une cour et d'un établissement particulier. Elle appartient alors à l'aristocratie du harem et ne diffère, en réalité, des Kadines ou femmes légitimes, que par l'infériorité de son train de maison et le peu de stabilité d'une situation acquise par un caprice du souverain, que ce même caprice peut détruire dans les vingt-quatre heures, par un simple mot du Maître. Quand celui-ci, en effet, prononce la formule sacramentelle : « Qu'elle soit vide de moi » ou : « Que je ne la revoie plus au Palais ! » la condamnée doit disparaître immédiatement, en emportant sa dot, son mobilier, les économies qu'elle a pu réaliser pendant ses quelques semaines ou ses quelques années de puissance.

La main des dames ainsi congédiées est très recherchée par les employés supérieurs de la Su-

blime-Porte, les chambellans ou autres personnages du Palais, car il y a tout à la fois pour eux
honneur et profit à devenir beau-frère, de la main
gauche, du Sultan, et à posséder, comme première
femme, une personne que le Padischah a favorisée,
ne fût-ce qu'un instant, de sa suprême tendresse.

Le mariage légal n'existant pas pour les Sultans,
le divorce se trouve par ce fait rendu impossible,
car cette conséquence du mariage ne peut exister
quand le premier acte n'a pas été accompli.

D'un autre côté, l'usage de la Cour ottomane
s'oppose à ce qu'une femme unie au Padischah
puisse cohabiter ou se marier avec un simple
mortel. C'est particulièrement dans ce principe
absolu, que réside la différence qui existe entre les
femmes qui n'ont joui des faveurs du Souverain
que momentanément et les Kadines proprement
dites.

Leur situation au Palais est aussi plus stable que
celle des autres femmes ; elles sont assurées de
rester au sérail pendant toute la durée du règne.

A la mort de leur maître, elles conservent encore
le prestige et cette espèce d'auréole qui rend leur
personne sacrée et leur défend de contracter une
nouvelle alliance.

Elles sont alors transférées dans les restes du

vieux Palais de la pointe du Sérail, où elles finissent leurs jours assez tristement.

Dans cette vie nouvelle, leurs sorties sont limitées au strict nécessaire et leurs relations avec l'extérieur très étroitement surveillées.

Du vivant de leur époux, elles étaient soumises à sa jalousie ; après sa mort, elles restent soumises à celles de son souvenir et de son successeur, dont le devoir est de veiller sur la conduite des veuves de son prédécesseur. Sous le coup de cette double jalousie, leur existence s'écoule dans une réclusion dont la sévérité est en raison directe de leur jeunesse et de leur beauté. Elles ne reconquièrent un peu de liberté que lorsqu'elles sont arrivées à la cinquantaine. A cette époque de leur vie, le Sultan régnant met quelquefois une de ses résidences à la disposition de la vieille Kadine et la laisse libre de vivre à peu près à sa guise.

Si nous devons en croire les récits qui nous ont été faits par les anciens serviteurs du sultan Abd-ul-Aziz, ce dernier se serait montré d'une grande rigueur à l'égard des femmes qui avaient appartenu à la cour de son frère et prédécesseur, le sympathique et si débonnaire Abd-ul-Medjid.

Cette rigueur aurait même été jusqu'à expédier plusieurs de ses femmes, la Kadine Servinass entr'autres, dans un tout autre monde que celui du Vieux-Sérail.

Mais passons !

A l'heure où nous écrivons ces lignes, il existe encore dans les appartements du vieux Palais de la Pointe, — celui-là même où se trouve le trésor impérial, la bibliothèque et la mosquée qui contient les reliques sacrées, tels que l'étendard du Prophète et son manteau, — des femmes du temps des Sultans Abd-ul-Medjid et Abd-ul-Aziz.

Les Kadines qui deviennent mères ne sont pas soumises à cette réclusion. Celles-là continuent à demeurer au Palais avec leur enfant, leur arslanum ou petit lion. Il va de soi qu'elles n'en sont pas moins soumises à une observation très rigoureuse et à un espionnage constant.

L'existence des Kadines est loin d'être aussi monotone qu'on pourrait le supposer ; elles peuvent, non seulement sortir fréquemment, toujours avec l'autorisation de la Sultane-Validé, bien entendu, mais elles peuvent aussi aller passer quelques jours dans un des Kiosques impériaux du Bosphore, soit pour changer d'air, soit pour se distraire en offrant l'hospitalité à quelques amies.

Ces libertés étaient surtout très fréquentes sous le règne d'Abd-ul-Medjid ; son second fils, le

Sultan actuellement régnant, est loin d'être à ce sujet aussi libéral que son auguste père, et son esprit, toujours soupçonneux, le pousse à restreindre de plus en plus les libertés d'un harem où, par degrés, il est arrivé à introduire une certaine austérité.

A part les promenades et les excursions que nous venons d'indiquer, les Kadines, comme toutes les autres femmes du Sultan, passent leur temps à recevoir, à faire de la tapisserie et de la musique, à habiller des poupées, à jouer avec elles comme de grandes fillettes, à banqueter et à réunir autour de leur personne tout ce qui peut charmer et distraire. De là, l'existence au Palais d'un chiffre très respectable de danseuses, de musiciennes et de bouffonnes.

En plus de ces distractions et de ces légères occupations, les Kadines se livrent aux mille intrigues dont fourmille la cour ottomane. Celles qui sont mères, se voient déjà Sultane-Validé et se préparent à assurer le trône à leur fils, fût-ce même au détriment du successeur officiel. Celles qui ne le sont pas font tout ce qu'elles peuvent pour le devenir, consultent pour cela les Khodjas ou professeurs de magie, les deux ou trois sages-femmes attachées au harem impérial, sans omettre la sage-femme turque, dont le titre, traduit en français est : *La maîtresse sanglante*, et dont la mission particulière est de provoquer ou de faciliter les avortements des femmes, qui, par des raisons politiques ou autres, ne peuvent ou ne doivent pas devenir des *Kadines effendis* ou mères de princes.

Ainsi qu'on doit bien le penser, la jalousie, cette passion si vivace chez toutes les femmes, passion s'appliquant à tout, se manifestant sous les formes les plus diverses, pouvant conduire celle qu'elle obsède d'une simple colère au crime, véritable dérèglement des fonctions du cerveau, fonctions qu'elle domine de toute sa haute et sauvage énergie, la jalousie exerce une grande influence dans toutes les imaginations féminines du palais.

Voici à ce sujet une anecdote très peu connue et que nous tenons de la bouche même d'un des personnages intéressés dans l'affaire.

Deux des Kadines les plus favorisées d'Abd-ul-Hamid nourrissaient l'une contre l'autre une jalousie qui, après avoir été latente pendant de longs mois, devait éclater d'une façon aussi tragique qu'inattendue.

Une de ces Kadines est Circassienne, l'autre Rouméliote. Quant à leurs noms, le lecteur comprendra le sentiment qui nous oblige à les taire.

Un soir, vers minuit — car on est noctambule au palais, et ce noctambulisme fait le désespoir des grands dignitaires, appelés, souvent inopinément près de leur maître à toutes les heures de la nuit— les deux rivales en vinrent aux mains après une longue et très ardente discussion. L'une d'elles, la Circassienne, saisit le petit poignard qu'elle portait et en frappa sa rivale. Cette dernière tomba en poussant un cri de folle terreur; les femmes accoururent, et le Sultan, immédiatement averti, se précipita dans la pièce, témoin de la sanglante rixe.

A côté de sa rivale, étendue sur le moelleux tapis, la Circassienne gisait en proie à une violente attaque de nerfs. Abd-ul-Hamid ordonna aussitôt d'aller chercher son vieux médecin particulier et ami Mavroyéni pacha et, oubliant toute sa dignité, se précipita sur le corps de la Circassienne en lui donnant les noms les plus doux et cherchant par ses caresses et par ses soins amoureux à la ramener à son état normal. Cette crise de nerfs avait si vivement impressionné le Sultan qu'il ne voyait pas l'état de la femme frappée.

Plusieurs officiers d'ordonnance furent expédiés partout à la recherche du médecin. Ne le trouvant pas chez lui, ils se rendirent à Péra et, les uns prenant d'un côté, les autres de l'autre, ils visitèrent les endroits où ils pensaient pouvoir le trouver. Guidés par un de ses amis, alors l'illustre astronome du Palais, un officier le trouva chez une de ses amies pérotes et le ramena bride abattue à Yildiz ; là, on le précipita plutôt qu'on ne l'introduisit dans la demeure privée de son souverain. Celui-ci, étendu sur un sopha, pleurant comme un enfant, était sous le coup d'une crise nerveuse, dont les conséquences se firent sentir pendant plusieurs jours.

La Circassienne, comme on le pense bien, fut rapidement remise des émotions auxquelles elle était redevable de la suprême joie que lui avait donnée son maître en lui manifestant sa tendresse d'une manière aussi exclusive.

Quant à sa rivale, dont la blessure ne présentait aucun danger, elle se retira dans ses appartements, après un premier pansement, plus malheureuse, plus humiliée par les préférences si démonstratives de son Seigneur que par le coup qu'elle avait reçu.

Ce fut à partir de cet événement qu'ordre fut donné à Mavroyéni pacha de ne plus quitter le Palais sans une autorisation formelle du souverain et d'y passer toutes les nuits sans exception.

Le galant Esculape dut se conformer à cet ordre

si désagréable, car, cette fois, il n'y avait plus à plaisanter avec Abd-ul-Hamid.

. . . .

Les Sultanes sont, parmi les princesses impériales et les habitantes du Harem, celles qui jouissent de la plus grande liberté. Leur titre officiel, tout en ne les soustrayant pas à l'influence de la Sultane-Validé ou à celle de la Hasnadar-Ousta, leur donne des droits dont elles savent user et même abuser.

Chacune de ces princesses impériales possède une petite cour où daïra, qui formera plus tard le cadre des harems où elles iront demeurer après leur mariage.

Le Harem des sultanes mariées est calqué sur celui du Sultan ; c'est là que se déverse le trop plein de la population féminine du grand Sérail. Organisé sur le même pied, il n'en diffère que par l'importance.

Nous allions oublier, dans notre nomenclature de la hiérarchie féminine, les quatre grandes secrétaires intimes et privées de S. M. le Sultan.

Quelle est la mission réelle de ces dames ? Est-ce à elles que le Padischah confie la rédaction de ses billets doux ? Sont-elles chargées de la correspondance amoureuse du harem, indistinctement ?

Voilà ce que nous ignorons. Tout ce que nous pouvons affirmer, c'est que leur style ne manque ni d'imagination ni d'élégance.

Nous voudrions bien, pour satisfaire la juste curiosité de nos lecteurs, et particulièrement de nos aimables lectrices, leur donner plus de détails sur les...... travaux qui incombent à ces quatre secrétaires. Mais, comme cet ouvrage, est un livre vrai, un livre vécu, nous nous voyons, bien contre notre gré, obligé de laisser la « folle du logis » satisfaire à leur légitime désir.

Les Kalfas, ou maîtresses, sont tout à la fois les supérieures, les mères et les institutrices des Alaïkes ou apprenties. C'est avec leur argent qu'elles achètent ces dernières. Ces jeunes esclaves, qui peuvent un jour devenir favorites et Kadines, sont donc bel et bien la propriété des Kalfas. A ce titre, leurs maîtresses sont tenues de les habiller, de les laver, de les coiffer, de prendre soin de leurs effets, de garder leur argent et de les aider en toute circonstance. C'est à elles qu'incombe également la charge de marier l'Alaïke le plus avantageusement possible, de constituer sa dot et de veiller à ses intérêts, comme pourrait le faire la plus vigilante des mères.

Singulière conséquence de la vie et des intérêts

en commun qui résulte d'une sympathie réciproque, la Kalfa et l'Alaïke, esclaves toutes deux, s'aiment et se soutiennent mutuellement au point de ne jamais se séparer complètement, alors même qu'une des deux se marie.

Quand la Kalfa est encore jeune, il est rare qu'un sentiment plus tendre que celui de la seule sympathie ne l'unisse pas à son alaïke. Constantinople est trop près de la fameuse Lesbos — aujourd'hui Métélin — pour que les mœurs de cette île si célèbre n'aient pas pénétré dans ses harems ! Nombreuses sont donc les aimables prêtresses qui tiennent à conserver toujours vivace et actif le culte de Sapho et à faire vibrer sa lyre harmonieuse sans en omettre aucune corde.

La Kalfa forme ses jeunes élèves suivant ses goûts et leur enseigne les détails du service auquel elles sont destinées. C'est ainsi, par exemple, que la Kalfa, qui exerce les fonctions de première *Cavedjé* ou faiseuse de café, apprend à ses Alaïkes à préparer le café comme il faut, et à le verser à la maîtresse de la daïra et à sa compagnie suivant le cérémonial de la Cour. Elles doivent aussi nettoyer et garder précieusement les riches services à café et à thé qui sont confiés à leurs soins. Cette garde doit se faire avec d'autant plus de soins qu'il est de ces services en émail, enrichis dé brillants et de pierres précieuses, dont la valeur est réellement considérable.

Les vieilles Kalfas, celles qui ont renoncé au mariage, sont les dépositaires et les gardiennes des traditions et des usages du harem. C'est à elles que sont confiés les objets de valeur appartenant au Sérail, telles que parures en diamants ou en pierreries, argenteries, pelisses, châles, broderies, etc...

Quand elles meurent, c'est le Sultan qui hérite de tout ce que l'on trouve chez elles, y compris leurs économies personnelles.

Si une Alaïke sortie du Sérail meurt sans laisser d'héritiers, la loi musulmane veut que ce soit sa Kalfa qui hérite de tous ses biens. Elle est son héritière légitime, comme le Sultan est l'héritier de tous les esclaves mâles et femelles achetés pour le Palais.

On voit, par cette sage disposition de la loi qui régit les usages du Harem, qu'une grande partie de ce qui est sorti du trésor impérial y retourne tôt ou tard.

Si nous ajoutons à cette nomenclature, déjà bien longue, des femmes ou plutôt des dames qui constituent les éléments du Harem impérial, les musiciennes, les dames du corps de ballet, les comédiennes, parmi lesquelles se trouvent les conteuses et les lectrices, dont le chiffre dépasse 350, nous arriverons, en y comprenant les esclaves de bas-étage, esclaves blanches et noires destinées aux gros travaux, à un total minimum de plus de quinze cents femmes (1).

Et maintenant, soyez donc surpris quand on vous parle des sommes énormes que l'état engloutit chaque année dans ce gouffre profond qui a nom : Harem impérial.

(1) Ce chiffre a été porté à 2000 par plusieurs auteurs et en particulier par Mme Kibrizli pacha.

CHAPITRE IX

—

LE PALAIS D'YILDIZ ET SES MYSTÈRES

—

La construction du kiosque de l'étoile. — Ce que le public
en voit et ce qu'il n'en voit pas. — Où vont les millions
de la Turquie. — Gaspillages sur gaspillages. — La vie
intérieure et la vie extérieure. — Les mystères d'Yildiz.
— Histoire d'Auguste et de son cochon. — Le scandale
théâtral du mois de septembre 1900.

Nous avons trop longuement parlé dans notre
Turquie officielle de la création du palais de
l'étoile ou d'Yildiz, pour qu'il nous soit permis de
revenir en détail sur ce sujet.

Mais, comme cet ouvrage remonte à treize ans,
et que beaucoup de nos lecteurs actuels peuvent
ne pas le connaître, nous allons esquisser, à grands
traits, l'histoire si curieuse de la construction de
ce palais, dont on a tant parlé et qui continue à
être un mystère pour la plupart des Osmanlis et la
généralité des étrangers.

Nous avons vu précédemment, dans le courant de notre Chapitre V, comment et pourquoi Abdul-Hamid avait abandonné les palais de ses prédécesseurs pour s'installer sur le plateau d'Yildiz, qui, à son point de vue, constituait une position stratégique de premier ordre, d'où l'on pouvait dominer facilement les quartiers européens de Péra-Galata et une grande partie de l'antique Byzance, aujourd'hui la ville turque par excellence.

Le parc d'Yildiz est la continuation de celui du palais de Tchéragan, situé sur le bord européen du Bosphore et faisant suite au superbe palais de Dolma-Bagtché.

Le début de ce parc fut des plus modestes : le sultan Mahmoud, grand père de Mourad et d'Abdul-Hamid, fit construire, en 1832, un petit kiosque au sommet de la colline de Béchiktach ; il entoura ce kiosque d'un vaste jardin ; et, comme on y jouissait d'une superbe vue sur le Bosphore et Constantinople, il le baptisa du nom poétique de Yildiz (étoile).

Ce pavillon fut détruit en 1844 par le sultan Abd-ul-Medjid, qui le remplaça par une plus importante construction, où il se plaisait à recevoir ses favorites et, particulièrement, dit-on, une fort belle et jolie circassienne du nom de Yildiz.

Après avoir fait construire le palais de Tché-ragan, Abd-ul-Aziz, grand constructeur devant l'Eternel, agrandit le parc d'Yildiz et le fit communiquer avec son palais par l'immense pont qui recouvre la route de Galata à Bechiktach.

Ceci fait, il fit bâtir dans son nouveau parc différents pavillons dont plusieurs existent encore et sont connus sous les noms de *Malta-Kiosque*, *Tchadir Kiosque* et *Tchit Kiosque*.

Il fit également construire le grand pavillon où sont actuellement les bureaux du Secrétaire particulier d'Abd-ul-Hamid et ceux de ses chambellans.

Quand le Sultan rouge, qui n'était alors que le Sultan blême, y transporta sa résidence en vue de s'éloigner des eaux du Bosphore, et parce qu'il ne se sentait plus en sécurité dans le vaste palais de Dolma Bagtché qu'avaient successivement occupé Abd-ul-Medjid, Abd-ul-Aziz et Mourad, il en agrandit considérablement le parc en accaparant les vastes terrains qui s'étendent de la colline de Béchiktach à celle d'Ortakeuy.

Dans le principe, plusieurs de ses serviteurs, le Dr Mavroyeni entr'autres, furent obligés d'habiter sous des tentes.

A partir de ce moment, Abd-ul-Hamid se retrancha de plus en plus dans Yildiz et s'y fortifia en vue d'un siège possible.

Yildiz devint alors le tonneau des Danaïdes dans lequel coula le plus clair des revenus de l'empire.

Sans y construire un palais proprement dit, il y fit établir des kiosques, des chalets, des pavillons et un belvédère.

Tous les styles et tous les genres y formèrent une confusion hétéroclite, où se réunirent les plus beaux marbres et les pierres les plus communes.

Tout en s'occupant de la fondation de ces demeures destinées aux siens et à son harem, Abdul-Hamid se préoccupa d'entourer cette ruche de murailles d'une grande épaisseur, défendues à l'extérieur par des casernes pouvant loger une quinzaine de mille hommes.

Le plateau sur lequel il fit construire les casernes, l'ambulance, les écuries, les vastes cuisines et toutes les dépendances du Palais, était naguère des plus arides et des plus dénudés ; l'eau ne s'y trouvait nulle part. Il en était de même du parc d'Yildiz et de ses environs. C'est à la Compagnie française des eaux de Constantinople que l'on doit la prospérité de ce plateau. C'est grâce à elle que l'eau du lac de Dercos circule partout, abondante et limpide, dans les kiosques, les palais en miniature, le grand lac et ses dérivés, les casernes, les mosquées et toutes ses nombreuses constructions sorties du sol, depuis une vingtaine d'années, comme par enchantement.

Et pourtant que d'obstacles, que de difficultés, que d'infamies cette pauvre Société des eaux, aujourd'hui si vantée, si célébrée sur tous les tons, n'a-t-elle pas dû franchir pour en arriver à rendre les services incalculables qu'elle rend chaque jour à la population constantinopolitaine !

Nous ne citerons qu'un fait choisi entre mille de la même force.

La canalisation était terminée du lac de Dercos, situé sur le bord de la mer Noire, au plateau d'Yldiz. On allait commencer celle du parc, de ses Yalis et de ses Kiosques, nord et sud, quand, soudainement, la Compagnie fut informée qu'elle devait suspendre ses travaux jusqu'à nouvel ordre.

Que se passait-il donc ? Une chose des plus bouffonnes et des plus banales dans cet étrange pays de l'imprévu et des songes éveillés.

L'entourage du Sultan lui avait fait concevoir l'idée que des conspirateurs pouvaient pénétrer dans le Palais par les tuyaux en fonte que l'on allait poser ; qu'il était possible d'introduire de la dynamite et des bombes explosibles par cette même voie,.... et mille autres balivernes, aussi saugrenues les unes que les autres.

Sous l'influence de ces idées plus que déplorables, enfantines, inouïes, on constitua rapidement une commission d'enquête, présidée par Sa Majesté Abd-ul-Hamid. M. Letalle, directeur de la Compagnie fut mandé à Yildiz. On examina avec le plus grand soin le diamètre des tuyaux, leur épaisseur, leur construction, on fit subir, à M. Letalle et à ses principaux employés interrogatoires sur interrogatoires..... Le ministre des travaux publics et ses ingénieurs étaient sur les dents !..... La panique et les racontars les plus insensés atteignaient des proportions inconnues jusqu'alors.

Vingt-cinq jours s'écoulèrent sans résultat. Vingt-cinq jours, pendant lesquels la Compagnie ne put faire aucun travail... tout était suspendu, aussi bien au Palais que dans les environs.

Il fallait en finir. Sultan Bakchiche s'interposa; les membres du Comité d'enquête comprirent alors la puérilité de ces craintes et de ces accusations si malveillantes. Les travaux reprirent leur marche si curieusement interrompue.

Aujourd'hui il n'y a pas d'éloges assez chaleureux pour exprimer les sentiments de gratitude que chaque pacha, ministre et autres dignitaires honorés des bienfaits du Maître, adressent à l'intelligent directeur de la Compagnie française des eaux de Constantinople. Ne lui doivent-ils pas, après leur Souverain, les yalis (1), les charmantes demeures et les beaux jardins qu'ils possèdent sur ce superbe plateau d'Yldiz.

Et cela est justice, car, sans cette Compagnie des eaux, naguère si décriée, il n'y aurait sur ce sommet, si remarquable par sa situation stratégique et la grandiose vue d'ensemble qu'il présente, ni palais, ni yalis, ni conacks, ni casernes, ni lacs, ni verdure, ni pachas, ni courtisans, ni Maître, ni chiens, ni routes ; ce serait encore une solitude aride et sans végétation, comme on en trouve tant au nord et au nord-ouest de Constantinople.

Depuis que nous avons publié *la Turquie officielle*, Abd-ul-Hamid a fait construire de nouveaux kiosques et d'autres pavillons.

Il ne se passe pas de jours sans que des travaux de démolitions et de constructions ne soient projetés ou commencés.

Beaucoup de kiosques servent de prison momentanée et, comme celui de Malta, célèbre par

---

(1) Les yalis sont les maisons de campagnes des grands personnages, comme les *Conacks* en sont les maisons de ville.

la détention de Mourad et par le procès de Midhat, ils ont vu plus d'une scène de tortures morales et physiques ; car la torture, avec tous ses raffinements anciens et modernes, est en grand honneur chez les créatures du *doux* Abd-ul-Hamid.

On cite, entre autres raffinements, le moyen de torture mis à la mode par le bouffon Yildizien : ce procédé consiste à presser, graduellement, certaines parties, très sensibles chez l'homme, jusqu'à ce que la douleur devenant insupportable, le patient avoue tout ce que l'on veut lui faire avouer.

L'ancien eunuque Mouzaffer Agha, exilé il y a deux ans à La Mecque, sous l'inculpation d'avoir vendu à l'Angleterre les secrets d'Yildiz, pourrait révéler bien d'intéressants détails sur les raffinements de la torture appliquée par les gens, tout chamarrés d'or et d'argent, qui opèrent pour la plus grande gloire de leur gracieux Souverain.

Abd-ul-Hamid, dont les phobies ne sont plus à compter, emploie chez lui le téléphone et l'électricité ; mais il en a défendu l'usage à sa bonne ville de Constantinople ; le téléphone peut servir aux conspirateurs et les dynamos sont trop voisins de nom de la dynamite pour ne pas être horriblement dangereux.

Si on nous objecte l'éclairage électrique des

deux hôtels de la compagnie des wagons-lits, ceux de la banque ottomane, de la dette publique et de la résidence de feu Stefanovich à Moda, nous répondrons que c'est à l'entrée en contrebande des dynamos et des appareils nécessaires que ces établissements doivent la chance d'être éclairés par la lumière électrique.

Il y a même toute une histoire des plus drolatiques sur les procédés employés par M. Mellier, alors directeur de Péra-Palace-Hôtel, pour faire transporter ces dynamos de Galata à l'Hôtel.

Nous avons donné anciennement, avec détails, les chiffres des dépenses que coûte annuellement l'entretien du palais d'Yildiz, de ses locataires et de ses serviteurs. Ce total, qui s'élevait, il y a douze ans, à 150 millions, n'a fait que croître et embellir pour en arriver à engloutir tout ce que la Turquie, de plus en plus pressurée, peut fournir d'or et d'argent.

Le gaspillage et le Sultan Backchiche, voilà les minotaures qui absorbent, au profit du Sultan rouge et de ses créatures, toute la généreuse sève du pays.

Nous ne voulons pas entrer ici dans les détails d'organisation et d'existence intime que nous avons déjà donnés dans nos ouvrages précédents ;

mais, pour être agréable à nos lecteurs, et satisfaire un peu leur légitime curiosité, nous leur dirons comment vit le Maître, dont tout le règne se sera passé, à part ses deux sorties annuelles, dans l'immense et luxueuse citadelle d'Yildiz.

. . . .

Le Souverain qui apparaît si modeste, si triste et si préoccupé aux yeux des touristes qui assistent le vendredi à la cérémonie du Sélamlik, porte ces trois éléments de l'hypocondrie dans sa vie intime qu'éclairent par instant des fusées d'une gaîté toujours matérielle et souvent ordurière, comme en possèdent certains viveurs turcs, grands amateurs de récits et d'historiettes fortement épicés.

Abd-ul-Hamid qui, dans sa prime jeunesse, avait une tendance marquée pour le champagne et les liqueurs fortes, est devenu très sobre par raison de santé, et pour obéir aux conseils pressants de son ancien médecin S. Mavroyeni pacha.

Ce dernier, voyant la santé délicate de son jeune client et sachant qu'il se livrait à de véritables orgies, lui déclara, brutalement, qu'il courait à une perte certaine et que sa mort serait prochaine, s'il ne mettait pas un frein à son existence passablement dissolue.

Le Prince, effrayé par tout ce que lui disait son

médecin particulier, médecin dans lequel il a toujours eu une grande confiance jusqu'en ses dernières années, enraya brusquement avec sa vie passée : il remplaça le vin par l'eau et devint un véritable modèle de sobriété et d'austérité.

Mais, avec le maniement du pouvoir absolu que lui confère sa situation impériale, avec l'exagération des passions sans cesse sollicitées par l'air ambiant du harem, les travaux considérables auxquels il se livra pendant les quinze premières années de son règne, il modifia par degrés, insensiblement, son austérité et sa sobriété de l'époque où, prince sans beaucoup d'espérance, il conspirait occultement contre son frère Mourad.

Aujourd'hui, et particulièrement depuis qu'il s'est dérobé à l'influence de son vieux médecin, autant par méfiance que par suite de l'âge avancé de ce dernier, décédé du reste depuis le 22 janvier de cette année 1902, Abd-ul-Hamid, sans rompre complètement avec sa sobriété habituelle, ne craint pas de recourir quelquefois, à petites doses, aux stimulants alcooliques.

Il mange généralement seul et reste peu de temps à table.

Comme tous les nerveux et les souffreteux, il touche légèrement aux mets qui lui sont servis et en fait porter le restant aux courtisans qu'il veut honorer.

Il lui arrive souvent, quand certaine phobie s'empare de son cerveau, de faire goûter les plats qui composent son repas, par son *Kélardji* ou sommelier en chef. Ces jours-là, quand ses craintes sont trop vives, il distribue un peu de sa nourriture aux chiens et aux chats dont il s'entoure comme moyen d'expérimentation.

Comme tous les Turcs, le Sultan apprécie fortement le pilaf et les pieds de mouton énergiquement relevés par une sauce piquante.

Il préfère à la viande, même à celle du mouton, les œufs et le lait ; deux aliments moins susceptibles d'être empoisonnés, pense-t-il.

Le lait, comme du reste tout ce qu'il consomme, lui est fourni par sa ferme modèle.

Les vaches qui donnent ce lait sont, certainement, les mieux entretenues et les plus belles du monde. Elles sont nourries en grande partie avec des pommes et des poires mêlées à d'excellent fourrage.

La volaille, dont il fait une assez large consommation, est également élevée dans la ferme modèle d'Yildiz.

Quant aux fruits, ils viennent de ses propriétés

de l'Asie mineure, où se récolte aussi le tabac que l'on fume dans tout le Palais.

Après ses repas, le Sultan fait quelquefois venir son bouffon et facilite sa digestion par la gaîté que celui-ci est tenu de faire naître chez son Souverain.

Le soir, Abd-ul-Hamid assiste assez souvent aux représentations données dans son théâtre par une des deux troupes qu'il entretient à cet effet.

Une de ces troupes est composée d'artistes turcs et arméniens ; l'autre, est européenne, formée d'artistes de tous les pays, chargés d'exécuter les opéras et opérettes préférés du Sultan.

En dehors des représentations donnés par ces artistes, il est d'usage de faire venir au palais, une ou plusieurs fois, les troupes particulières qui, l'hiver, donnent leurs représentations au théâtre des Petits-Champs.

Il en est de même pour les sujets en renom, de passage à Constantinople.

Ces soirées sont payées en moyenne 150 livres turques, 3,450 francs ; mais la somme n'arrive que sensiblement diminuée entre les mains de l'impressario ou de l'artiste.

Quand le Sultan est satisfait, il ajoute à cette somme des cadeaux et des décorations pour les principaux acteurs et actrices.

Ajoutons, pour rester dans la note exacte et véridique, qu'un simple acrobate ou un dompteur d'animaux, comme il s'en trouve dans tous les cirques, a souvent plus de succès qu'un Coquelin ou une Sarah Bernhardt.

Et, à ce sujet, voici une petite anecdote dont nous répondons de l'authenticité, car nous la tenons de l'auteur même, à qui nous avons donné des soins lors de notre séjour à Constantinople.

Un cirque était venu donner des représentations, très suivies, dans le jardin des Petits-Champs.

C'était pendant l'été, après la fin de la saison théâtrale.

Parmi les clowns en réputation, se trouvait un jeune parisien cumulant le rôle d'Auguste et celui de Chocolat.

Ce clown, avait un numéro spécial avec un cochon parfaitement dressé, paraissant obéir aux gestes et à la parole.

A la soirée que le directeur du cirque avait donnée à Yildiz, les camarades du cumulard avaient constaté la gaîté qui s'était emparée du Sultan à la vue des exercices exécutés par le porc, sous la direction burlesque et habile de son professeur.

La représentation terminée, les principaux sujets de la troupe reçurent le Medjidié et se distribuèrent une somme qui s'éleva à 10 livres pour chaque artiste, — 230 francs.

Notre Auguste, qui avait eu incontestablement le succès de la soirée, ne reçut, à sa profonde déception, que la modeste somme attribuée aux sujets de deuxième et troisième classe, c'est-à-dire cinq livres ou 115 francs.

Et lui, qui s'était d'abord réjoui à la pensée qu'il allait pouvoir envoyer un petit magot rondelet à *sa vieille* mère, habitant alors Montmartre, fut pris d'une grande tristesse et d'une secrète jalousie envers ceux de ses camarades qui, sans posséder son talent, avaient vu se réaliser leurs plus ardentes espérances.

Etre décorés et toucher dix livres.

Trois jours après, le cirque s'embarquait sur un paquebot de la société Khédivale pour se rendre à Smyrne, où il était attendu, précédé de ses succès constantinopolitains.

Toute la troupe était réunie sur le paquebot, chacun cherchant à se caser de son mieux, quand une mouche impériale vint, à toute vapeur, accoster le paquebot.

Un aide de camp du Palais monta à bord et demanda si le nommé Auguste et son cochon se trouvaient parmi les passagers ?

Le Directeur du cirque ayant répondu affirmativement, l'aide de camp déclara qu'il était chargé de faire débarquer l'homme et la bête, et de les conduire devant sa Majesté.

Ainsi appréhendé moralement, Auguste reprit son cochon où il l'avait placé pour la durée du voyage et se disposait à suivre le messager d'Yldiz, lorsque le Directeur du cirque, intervenant brusquement, déclara qu'il ne pouvait se séparer ainsi d'un numéro sensationnel, sur lequel il comptait pour augmenter ses recettes.

L'aide de camp lui répondit qu'il était autorisé à lui remettre l'indemnité à laquelle il avait droit.

On discuta alors sur l'importance de cette indemnité et la discussion se termina par la remise de 200 livres — 4600 frs — que l'impressario se décida à empocher, tout en déclarant qu'on ne lui donnait pas le tiers de ce que valait son Auguste.

L'homme, le cochon et l'officier firent une entrée triomphale à Yildiz.

Si ce jour-là Auguste n'eut pas la gloire d'être reçu par son nouveau Maître, le Roi des Rois, l'Ombre de Dieu sur la terre, il eut la satisfaction de s'entendre annoncer qu'appartenant désormais à la troupe artistique d'Yildiz, il aurait droit à un kiosque personnel, à 40 livres par mois, 920 francs, aux provisions d'alimentation, de chauffage et d'éclairage, à deux uniformes par an et au Medjidié qu'on lui décerna immédiatement.

Quant à l'illustre compagnon de saint Antoine, il devait être logé et nourri aux frais de la liste civile.

Le même soir, en rentrant dans sa nouvelle demeure, notre heureux parisien exécuta une série de gambades dignes des plus chaleureux applaudissements.

Lorsque sa joie fut un peu calmée, il prit sa vaillante plume de Tolède, et écrivit longuement à sa bonne mère pour lui raconter comment la fortune lui était venue au moment où il désespérait le plus.

Plus tard il lui envoya sa photographie en grand uniforme, ce qui fit croire à Montmartre que le fils de la Gérard était devenu *Maréchal du Grand Turc*.

Quand Auguste eut enfin l'insigne honneur de se prosterner devant le Grand Seigneur d'Yildiz, il entendit celui-ci le féliciter sur ses talents et lui annoncer qu'il aurait désormais à s'occuper de l'instruction d'un des grands singes de la ménagerie d'Yildiz.

Ce fut ainsi qu'Auguste devint *l'alter ego* des

grands artistes lyriques du théâtre impérial de Sa Majesté Abd-ul-Hamid Kan II, surnommé deux fois le « Victorieux » pour avoir été battu par les Russes et perdu les trois quarts du territoire européen de l'Empire, sans compter, bien entendu, les villes importantes asiatiques de Kars, Batoum et Ardaham.

Cet épisode des distractions et des amusements du triste casanier d'Yildiz clôturerait mal notre chapitre, si nous ne parlions pas du grand scandale théâtral qui se produisit sur la scène Yildizienne au commencement de septembre 1900.

La troupe française d'opérette du théâtre des Petits-Champs, alors sous la direction de la Société des grands hôtels européens, allait quitter Constantinople, après avoir ramassé force bravos, mais très peu d'argent en tant qu'exploitation théâtrale; quand on vint prévenir son Directeur que sa Majesté désirait la revoir une dernière fois sur la scène de son théâtre.

On devait y jouer la *Belle Hélène*, avec les coupures d'usage.

Une dame étrangère, qui avait lu dans la *Turquie officielle* la description que nous avons donnée du théâtre d'Yildiz et de ses représentations, résolut de profiter de cette circonstance pour pénétrer dans le palais d'Yildiz et vérifier, de visu, le plus ou moins d'exactitude de notre description.

Cette dame s'entendit avec le Directeur de la troupe et avec sa charmante et excellente étoile, Mlle Jeanne Saulier, au théâtre de la Gaieté, créatrice du principal rôle des *Saltimbanques*.

Ceux-ci, ne se doutant pas de la gravité de l'acte qu'ils commettaient, acceptèrent avec empressement les propositions de notre compatriote.

Il fut convenu que cette dame remplacerait une choriste ayant à peu près sa taille et sa corpulence, et qu'elle assisterait à la représentation.

A l'heure dite, la troupe partit pour Yildiz dans plusieurs voitures découvertes.

Dans une de ces voitures de remise, se trouvaient le Directeur de Péra-Palace, Mlle Jeanne Saulier et la dame en question.

Arrivés au théâtre, après avoir traversé une partie du parc d'Yildiz, au grand émerveillement de la nouvelle venue, les artistes se disposèrent à revêtir leurs costumes dans les loges qui leur étaient destinées.

L'Etoile et sa compagne occupèrent la principale.

La représentation commença sans encombre; et le premier acte se termina de même à la grande joie et aux éclats de rire discrets des dames du Harem, cachées par le grillage doré de leurs grandes loges.

Le deuxième acte battait son plein, quand on aperçut un aide de camp s'approcher précipitamment de Sa Majesté et lui remettre très respectueusement une lettre.

Aussitôt la lecture de cette lettre achevée, on vit la physionomie de Sa Majesté pâlir et un brouhaha se produire parmi sa suite.

Quelques minutes après cet incident, l'aide de camp qui avait remis au nom de Sa Majesté à la charmante Hélène un très beau bracelet incrusté de pierres fines, se précipita sur la scène accompagné de deux chambellans et du Directeur des amusements yildiziens.

Ces messieurs s'arrangèrent de façon à ne plus perdre de vue l'étrangère dont la présence venait d'être signalée à leur Maître par la police de Péra.

Lorsque le rideau tomba sur la fin du deuxième acte, le Directeur de Péra-Palace, très ému et fort pâle, vint prier notre compatriote de ne plus reparaître sur la scène et d'attendre dans sa loge que la représentation fût terminée.

Monsieur M.... avait à peine donné ce conseil

que deux courtisans pénétrèrent dans une petite pièce, séparée de la loge en question par une simple tenture, et y demeurèrent en observation jusqu'à la fin de la soirée.

Sous l'émotion qui s'était emparée des artistes, sans que ceux-ci fussent au courant de ce qui avait eu lieu dans la loge du Sultan, le dernier acte de « La belle Hélène » fut prestement enlevé.

Mais, ce qui fut encore plus lestement organisé, c'est le cordon d'espions et de gardes Albanais chargés de surveiller la troupe française, sans omettre, bien entendu, la loge où étaient l'étrangère et la belle Hélène.

Le rideau n'était pas tombé que Monsieur M...., se précipitant dans la loge en question s'écria :

— Dépêchons-nous, Mesdames, partons vite !.... Enveloppez-vous de vos manteaux..... vous vous déshabillerez à l'hôtel.

Et sans même donner à ces dames le temps d'enlever leur fard, il les entraîna dans sa victoria en donnant l'ordre au cocher de marcher le plus rondement possible.

Les voitures furent accompagnées par des gardes à cheval jusqu'à la sortie du palais d'Yildiz.

Le lendemain, le bruit courait dans Péra « qu'un journaliste français bien connu » avait introduit au

Palais une dame chargée d'assassiner le Sultan. Le correspondant du *Daily Telegraph* s'empara de cette nouvelle pour l'envoyer à son journal qui, l'ayant reproduite, sans parler pourtant du fameux assassinat projeté, lui fit faire le tour du monde sur l'aile des *Canards*, politiques ou non, qui ont l'honneur d'éclairer le public en l'initiant à la rubrique des « Faits divers ».

Quand ces dames et Monsieur M..... arrivèrent à l'hôtel, leur surprise fut grande en trouvant le salon occupé par plusieurs gros bonnets d'Yildiz.

Si nous avons raconté cette aventure, aventure qui aurait pu finir tragiquement, c'est qu'elle témoigne une fois de plus de la rapidité avec laquelle fonctionne la police secrète du Sultan rouge.

L'héroïne de cette odyssée, ayant été remarquée dans la victoria de Monsieur M...., les agents du poste de police de Péra en avaient conclu qu'elle était étrangère à la troupe lyrique, et s'étaient empressés de prévenir le Palais qu'une dame française, depuis peu à Constantinople, accompagnait la troupe des Petits-Champs.

De là, à conclure que cette dame était une émissaire politique il n'y avait qu'un pas.

Ce pas fut si vite franchi, qu'on parle encore

aujourd'hui à Péra du scandale qui se produisit au théâtre d'Yildiz en septembre 1900.

. . . .

C'est à partir de l'événement que nous avons raconté plus haut et par crainte du fameux journaliste français, auteur bien innocent du scandale que nous venons de raconter, que beaucoup d'étrangers ne peuvent, malgré la carte délivrée par leur ambassadeur, assister au Sélamlik qu'entourés d'espions de tous grades et de toutes conditions.

C'est également à la suite de la grande conspiration que nous venons de raconter, que le kiosque, destiné aux étrangers désireux d'assister à la cérémonie du Sélamlik, a été fermé... puis démoli.

Aussi pourquoi diable ce journaliste français introduisit-il sur la scène du théâtre d'Yildiz, une dame chargée de tuer Abd-ul-Hamid, sans plus de cérémonie, au milieu de la représentation de « la Belle Hélène ? »

CHAPITRE X

—

COMMENT CONSTANTINOPLE EST DEVENU LE PAYS DE L'ESPIONNAGE

—

Un prince espion en faveur de son oncle. — Qui a bu boira. — L'espionnage sur le trône de la Turquie. — Espionner, c'est remplir le plus sacré des devoirs envers son Padischah. — La théorie de don Bazile. — Prendre les mouches et les ...hommes avec du miel. — Nos chers espions et le maréchal Fouad pacha. — Comment on l'arrêta. — Le président Loubet et le Cheikh Ebul-Huda. — Conclusion : Le plus grand et le plus célèbre des espions européens !.

———

Constantinople n'est pas devenu d'un seul coup le pays de l'espionnage. La chose s'est faite, rapidement il est vrai, mais progressivement.

Pour comprendre comment l'espionnage a pu pénétrer ainsi dans une nation dont l'élément musulman est absolument hostile à cette honteuse pratique, il faut étudier et bien connaître son instigateur.

Son instigateur, grand corrupteur de par l'Eternel, n'est autre que le Sultan rouge, le cher frère de Guillaume II et l'ami du Président qui a l'honneur de veiller aux destinées de la nation française, c'est-à-dire le frère et l'ami des deux grands gouvernements que son machiavélisme est parvenu à rouler dans des proportions considérables, au seul profit de sa chère amie la Russie, qui, tout doucettement, sans tambour ni trompette, est parvenue à régner en fait sur ce pays que chercha à lui enlever le traité de Berlin.

Par quelle ruse diabolique Abd-ul-Hamid est-il parvenu à altérer le sens moral des musulmans qui le servent ? Comment cet homme, si terriblement néfaste, a-t-il pu corrompre, en si peu d'années, nous ne dirons pas les éléments rayas ou chrétiens qui, eux, n'avaient pas besoin d'être corrompus, car ils l'étaient jusqu'à la moelle des os, mais cet élément si foncièrement honnête et charitable qui constitue le fond musulman de la nation ottomane ?

Voilà ce que nous allons expliquer :

Le prince Hamid, que nous avons montré à nos lecteurs sous le jour d'un petit nécromancien et envoûteur, joignait à ses opérations magiques le métier, plus lucratif, d'espion et d'usurier princier.

Il espionnait, au profit de son oncle Abd-ul-Aziz, son frère aîné Mourad et ses deux plus jeunes frères.

Ces derniers, connaissant la chose, ne devaient pas professer une bien grande estime pour leur frère Hamid.

C'est effectivement ce qui eut lieu.

Un jour que le ministre de la justice, Akif pacha, était en visite chez le prince héritier Mourad, l'homme de confiance de ce dernier entra précipitamment et lui parla bas ; très troublé, Mourad pria son hôte de se retirer dans une pièce voisine, en ajoutant :

« Mon frère Hamid vient me voir, et je ne veux pas, dans votre intérêt, qu'il vous trouve avec moi. »

Cette déclaration n'est-elle pas typique ?

Et non seulement le prince Hamid rapportait à son oncle, dont il avait su se faire bien venir, tout ce qui se passait chez ses frères, mais il lui adressait régulièrement des rapports sur les faits et gestes des personnes qui, nombreuses, lui rendaient visite.

Plus tard, après leur voyage en France, Hamid, qui avait été moins que sympathique à la cour de Napoléon III, changea ses batteries, et, profitant de ce qu'Abd-ul-Aziz lui avait refusé une certaine somme d'argent, se mit, sournoisement, à travailler contre lui, au profit du prince héritier.

Non seulement, ainsi qu'on le voit, le prince Hamid espionnait au mieux de ses intérêts personnels, mais, très ordonné dans ses dépenses, ne laissant rien perdre de ses revenus, aussi avare que ce que son frère Mourad était généreux, il n'hésitait pas à faire métier d'usurier, soit en prêtant à de gros intérêts à ses propres frères, soit en profitant des affaires que lui procurait un certain Assani, bien connu à Galata par ses nombreuses escroqueries.

Un tel prince, arrivant au pouvoir au milieu d'un entourage follement prodigue, ne connaissant de l'argent que les jouissances et les satisfactions qu'il peut procurer; un tel prince, se sachant peu aimé, redoutant le sort qu'avait subi son oncle; déjà atteint par la lypémanie qui devait aller sans cesse en se développant; un tel prince pouvait-il chercher ailleurs que dans la corruption et l'espionnage les éléments constitutifs de son règne et de sa préservation personnelle ?

Penser autrement, ce serait très peu connaître certains spécimens de la race humaine.

Nous avons vu comment, les événements lui venant en aide, il s'était débarrassé de ses premiers ministres ; mais ce premier succès ne pouvait satisfaire ses craintes perpétuelles.

Aussi, n'hésita-t-il pas, dès que son pouvoir se fut affermi, à organiser un service d'espionnage qui devait, en peu de temps, atteindre des proportions inconnues jusque là.

Il parvint, assez facilement, à convaincre ses créatures, à leur faire comprendre qu'espionner en sa faveur était un acte de simple dévouement, que tout bon musulman devait accomplir en vue de sauvegarder les intérêts et la vie de celui qui est comme *l'Ombre de Dieu sur la terre*.

Pour encourager ses courtisans et tous ceux qui lui adressaient des rapports secrets, il puisa dans sa cassette particulière et prodigua avec son or les grades, les titres et les honneurs.

Bientôt ce qui n'avait été qu'un dévouement aveugle, devint une profession lucrative, une façon habile de faire sa cour ; le procédé le plus rapide pour arriver à la satisfaction des ambitions les moins avouables.

Quand il ne parvenait pas à gagner un ministre

ou un chef militaire, il s'en débarrassait d'une façon courtoise en le nommant à des postes lointains, à des postes d'où la plupart des titulaires ne sont jamais revenus.

Se méfiant même de son ombre, Abd-ul-Hamid, quand il veut savoir quelque chose, charge plusieurs personnes de la même mission, de façon à ce que chacune de ces personnes, se croyant seule en fonctions, puisse contrôler ses collègues sans s'en douter.

Voici, pour mieux nous faire comprendre, un exemple choisi entre mille :

Il y a quelques mois, arriva au Palais une dénonciation paraissant appuyée sur des documents indiscutables.

Cette dénonciation parvint directement entre les mains du Sultan, sans passer par les mains de son premier secrétaire, Tahir bey.

Cette dénonciation, écrite en grec, avait trait aux visites qu'un certain Paul de Régla avait rendues au maréchal Fouad pacha dans son conack de Phanaraki.

Or, le sus-nommé était, chacun le savait, le partisan très dévoué et très redoutable du sultan Mourad V.

La conduite du maréchal ayant, depuis cette

époque, contracté des allures mystérieuses, il y avait lieu de faire exercer une plus grande surveillance que par le passé.

Mais le fameux rapport en grec ne s'arrêtait pas là ; il entrait dans une foule de détails et de considérations que nous sommes obligé de passer sous silence.

La première traduction de ce document n'ayant pas absolument satisfait Abd-ul-Hamid, il chargea un de ses sous-secrétaires de lui en faire une autre, sans lui dire, bien entendu, qu'il possédait déjà une première traduction.

Au deuxième traducteur en succéda un troisième, un quatrième, puis un cinquième.

Le Sultan, comparant alors ces diverses traductions, s'aperçut que le premier traducteur avait omis *un mot* dont l'importance lui paraissait capitale.

Ce pauvre diable, jugé déloyal et incapable, fut privé de sa charge et envoyé en exil.

Eh bien ! ce que le Sultan a fait dans cette circonstance de peu d'importance, il le pratique sur une plus large échelle dans tout ce qui touche à ses hommes d'Etat et à ses ambassadeurs.

La théorie de Bazile sur la calomnie est une réalité de chaque jour aussi bien à Yildiz que dans les ministères.

C'est que calomnier n'est pas seulement sur les bords du Bosphore un simple acte de vengeance, c'est une bonne et souvent très lucrative affaire.

Plus la calomnie est stupide et enfantine, plus elle est incroyable, et plus elle rapporte à son auteur.

Quand Abd-ul-Hamid a décidé la perte d'un haut personnage, surtout quand il s'agit d'un personnage redouté, il commence par l'accabler de bonnes paroles, de protestations presque paternelles et de cadeaux dont la valeur est en rapport avec l'importance du personnage.

C'est à ce vaste système d'espionnage, uni aux intérêts particuliers de ses courtisans et de ses créatures, qu'Abd-ul-Hamid doit la conservation de ce trône qu'il déshonore de plus en plus.

C'est à la corruption qu'il a inoculée à tous ceux qui l'approchent, qu'il doit de ne pas encore avoir succombé sous le mépris et la haine de son peuple.

Madame Adam a écrit un jour dans son ancienne revue :

« Il est prouvé aujourd'hui que le Sultan Abd-ul-
« Hamid est plus indulgent au couteau d'un assas-
« sin, qu'à la plume d'un écrivain, qu'il est doux
« à qui ordonne le viol, le meurtre, le pillage, et

« cruel à celui qui exerce la profession ensei-
« gnante. »

Cet écrivain aurait pu ajouter que ce Souverain, indulgent au couteau d'un assassin, au vol, au gaspillage et aux prévarications des hommes de son entourage, s'est montré impitoyable non seulement pour ceux qui enseignent, mais pour tous les hommes intelligents dont il s'imagine avoir quelque chose à craindre.

Dans ses longues années de règne, il a trouvé moyen d'éloigner, d'exiler ou de faire disparaître tous les personnages qui avaient fait partie de l'entourage de Mourad, et tous ceux qui avaient eu des relations avec lui.

L'exil, la prison et la mort ont accompagné l'affermissement de sa situation à Yildiz.

Ceux qu'il ne peut pas faire condamner par ses tribunaux, il les envoie au loin, dans des postes d'où ils ne doivent plus revenir.

Les uns, comme Sâdoullah pacha, ambassadeur à Vienne, las de souffrir en exil, se suicident ; les autres, comme Suleyman, attendent dans leur poste honorifique, que la mort du Tyran leur permette de rentrer à Constantinople.

En faisant de l'espionnage et de la corruption un levier gouvernemental, Abd-ul-Hamid a pu jusqu'ici sauvegarder sa personnalité, mais il a semé dans son peuple des germes de décomposition qui pourraient bien le détruire plus rapidement que ne saurait le faire la perte de plusieurs batailles !

Oriental dans toute la force du terme, il ne cesse de mettre largement en pratique la maxime syrienne : « C'est avec du miel qu'on attrape les mouches et les hommes. »

Plus enclin aux exécutions secrètes qu'aux procès et condamnations retentissantes, il aurait peut-être évité de faire couler bien du sang, s'il était toujours resté lui-même, c'est-à-dire, si, comme tous les lypémanes, il ne subissait pas, tour à tour, les suggestions dangereuses des Izet-bey, des Tahir-bey, des Ebul-Huda et autres personnages de plus ou moins d'importance. Ce qui fait que, tout bien compté et bien pesé, il y a sur le trône des Ottomans plusieurs empereurs dont la politique varie suivant que dominent telles ou telles influences.

En somme, malgré sa prétention à tout savoir, et à tout connaître, le Sultan rouge est de tous les Souverains celui qui ignore le plus l'état d'âme de son peuple et des peuples étrangers sur lesquels il a les opinions les plus baroques.

C'est ainsi qu'ayant à se prononcer dernièrement

sur le congrès des jeunes turcs, congrès qui s'est tenu à Paris malgré les agissements et les plaintes nombreuses de son représentant officiel, le célèbre et illustre espion de haute marque : son excellence Munir bey, il s'est exprimé ainsi :

« Ce Loubet, ou ce Loup-bête n'est réellement pas un homme d'Etat... Quel incapable ! Comprenez-vous qu'il n'a pas su empêcher le congrès de ces jeunes turcs, que Dieu damne ! »

Et en s'exprimant de la sorte, l'Etre complexe qui règne sur le Bosphore était en pleine logique avec l'opinion qu'il se fait du pouvoir de ses illustres frères et amis européens.

Que l'on ne s'imagine pas que nous inventons de toute pièce ce que nous venons de dire : C'est du personnage même auquel s'adressait le Sultan que nous tenons le fait.

. . . .

Nous n'étions pas encore en route pour Constantinople, où nous avons passé les mois de septembre et d'octobre 1900, que la Camarilla d'Yildiz était informée de notre prochaine arrivée et avait déjà pris ses précautions pour nous recevoir en conséquence.

Aimant peu à parler de notre personne et de nos travaux, nous passerons rapidement sur les nombreux incidents qui signalèrent notre séjour dans cette ville, où nous eûmes constamment quatre espions attachés à nos pas, parmi lesquels nous ne citerons que le plus important : le général de division Ch... pacha, aide de camp de Sa Majesté, pour en arriver à nos courses en voiture sur la côte asiatique du Bosphore, où nous avions à voir le maréchal Fouad pacha et l'ancien chef du cabinet particulier du Sultan, le général Ahmed Djealledin pacha.

Si nous parlons de ces visites. c'est qu'elles ont produit l'excès de surveillance qui a amené la catastrophe et l'arrestation du maréchal.

Ce dernier, dès notre seconde visite, nous avait dit avec son bon sourire, un peu goguenard :

— On sait au Palais, grâce aux misérables espions dont vos pas sont entourés, que vous êtes venu pour la seconde fois prendre le café et causer avec votre ancien malade et ami... Or, comme je n'entends pas donner barre sur moi à ces misérables courtisans d'Yildiz, je vais, dès ce soir, écrire à Sa Majesté pour lui faire part de vos visites et l'engager à vous recevoir et à vous entendre.

C'est effectivement ce qui eut lieu, car, dès le lendemain matin, à 7 heures à la franque, un officier des Tufekdjis du Palais se présentait à

Péra Palace pour me complimenter au nom de son Excellence Tahir bey, premier secrétaire de Sa Majesté depuis le décès de Sureya pacha, — encore un de nos anciens clients.

Le portier de l'Hôtel reçut cet ambassadeur comme il le devait, c'est-à-dire en lui offrant du café et des cigarettes, pendant qu'il nous faisait avertir de la présence d'un envoyé du Palais.

Dès que notre toilette fut terminée, nous descendîmes au Salon de réception où nous fûmes accueilli très respectueusement par l'officier.

Les salutations habituelles échangées, ce dernier nous présenta les compliments de Tahir bey « *qui venait seulement d'apprendre notre arrivée* », et nous priait de nous rendre immédiatement au Palais où il désirait nous entretenir.

Ayant déclaré qu'il nous était impossible d'y aller ce matin là, mais que nous nous y rendrions le lendemain, vers 9 heures, l'officier nous salua et se retira.

L'avis du maréchal, avait produit son effet : on ne pouvait plus à Yildiz feindre d'ignorer notre présence.

A notre troisième visite au conack du Maréchal, à qui nous avions promis de raconter ce qui était résulté de sa lettre, nous trouvâmes celui-ci furieux contre les espions dont les voitures suivaient la nôtre à peu de distance :

— Si cela continue, s'écria Fouad pacha, je calmerai ces coquins d'espions en en faisant bâtonner quelques-uns.

Ce qui eut lieu plus tard, bien après notre départ de Constantinople.

Puisque nous sommes sur ce terrain, et que le courant de notre récit nous a porté à reparler du vainqueur d' « Eléna », nous allons dire pourquoi et comment notre ancien client fut arrêté, condamné et envoyé en exil :

Fouad pacha, encore dans toute la vigueur de l'âge, a toujours été redouté par beaucoup des courtisans du Sultan.

De son côté, ce dernier l'a toujours eu en suspicion, tout en rendant justice à ses talents militaires et à sa bravoure.

A beaucoup de points de vue, Fouad tient du célèbre maréchal Hussein Aveni : il en a le coup d'œil militaire, le sang-froid et l'audace.

Ses qualités, tout en le faisant aimer des soldats et des officiers, ont causé son éloignement de tous les postes militaires qu'un autre Sultan eût été heureux de lui confier.

Nous avons raconté ailleurs (1), comment, à la suite d'une mise aux arrêts dans son vieux conack de Scutari, à la suite d'une stupide accusation, analogue à celle dont il vient d'être victime, il avait brusquement forcé la consigne et, en grand uniforme, la poitrine constellée de ses décorations ottomanes et étrangères, il s'était rendu à Yildiz, monté sur son cheval de bataille, sabre au côté et pistolets dans les fontes.

Nous avons dit comment, forçant l'entrée il était arrivé jusqu'au Sultan pour lui demander la mise en liberté de ses serviteurs, emprisonnés depuis 40 jours, et la cessation des arrêts qui lui avaient été infligés.

Nous l'avons montré arrachant ses décorations, les jetant aux pieds de son Souverain qui tenait un revolver de sa main droite, et lui criant:

— Eh bien! frappe donc cette poitrine que les balles russes ont respectée !

Nous avons également dit comment le Sultan, laissant tomber son arme, qui partit sur le tapis, se jeta dans les bras du maréchal en l'accablant de protestations d'amitié et de dévouement.

(1) Voir *La Turquie officielle* et *Les Bas-fonds de Constantinople*.

Tout cela, à la profonde stupeur des chambellans accourus au bruit de la détonation en disant :

— Voilà Fouad qui vient de tuer notre glorieux Padischah !

Le lendemain de cette algarade, le maréchal recevait une somme importante du Sultan et commençait les réparations de son conack délabré de Béchiktache, que son maître lui avait ordonné de venir habiter, afin de l'avoir plus près de sa personne.

Moins d'un mois après, le père de Fouad, qui n'était encore que général de division, fut nommé maréchal par iradé impérial et reçut à ce sujet une fort belle dotation.

Quand, à la saison suivante, l'empereur Alexandre vint se fixer à Livadia, suivant son habitude, ce fut le maréchal Fouad pacha qui eut la mission d'aller le complimenter et lui présenter les souhaits de son souverain.

Lorsque Ghazi Osman pacha mourut, le Sultan offrit son poste au maréchal ; mais celui-ci fit valoir adroitement différentes raisons pour le refuser. Ce qui ne l'empêcha pas d'occuper dans la voiture de son maître, pendant plusieurs Selamliks, la place qu'avait occupée, durant de longues années, l'illustre défenseur de Plewna.

Si nous avons raconté *grosso modo* ces divers incidents, c'est qu'ils doivent aider nos lecteurs à comprendre comment un homme tel que le maréchal s'est laissé arrêter, emprisonner et exiler.

Nous, qui avons été un peu le confident et qui sommes resté l'ami de ce vaillant homme, nous pouvons affirmer qu'il n'eut jamais la pensée de conspirer contre son Souverain.

Qu'il le blâmât sur bien des points ; qu'il eût en aversion ses courtisans ; que, comme soldat, il ait été mécontent de la conduite qu'Abd-ul-Hamid a tenue pendant la révolution rouméliote, qu'il s'était proposé d'arrêter avec moins de 5ooo hommes ; que depuis les massacres des Arméniens il se soit encore exprimé avec plus d'humeur, c'est ce que tout le monde sait.

Mais de là, à vouloir obtenir le renversement de ce régime abhorré par une conspiration proprement dite, il y a tout un monde.

Quoi qu'il en soit de ces considérations, ce qui est certain, c'est que le maréchal était depuis quelques mois tombé en une nouvelle disgrâce, et que, cédant aux suggestions de son nouveau chef de la police secrète, ennemi personnel du maréchal, le Sultan le faisait surveiller de très-près par de nombreux agents.

Ennuyé de voir sa propriété de Moda-Phanaraki entourée d'espions, Fouad adressa une lettre au Sultan pour se plaindre des agissements dont il était victime et pour déclarer que, s'il avait, par sa seule intervention, empêché le massacre des Arméniens dans Cadi-Keuy et Moda, il n'hésiterait pas à tirer sur les espions qui entouraient sa demeure.

Deux jours après, le maréchal recevait la visite d'un aide de camp du Sultan qui lui apportait, avec un cadeau de 2000 livres, soit — 46.000 frs. — les vifs regrets et les excuses de leur Souverain,

Devant cette démarche, Fouad eut la fatale croyance que ces espions avaient été placés autour de sa demeure par ses ennemis personnels, à l'insu de son Maître.

Partant de cette croyance, il fit dire à ces hommes qu'il leur ferait tirer dessus s'ils ne se retiraient pas.

Le lendemain, le nombre des espions ayant augmenté, Fouad tint sa promesse et ordonna à ses serviteurs de faire feu sur eux.

Les serviteurs, qui étaient tous armés depuis plusieurs mois, obéirent à leur maître.

La fusillade commença de part et d'autre et cinq hommes restèrent sur le carreau. — 3 blessés et 2 morts.

Le même soir, un nouvel aide de camp accourut chez le maréchal, protesta de l'ignorance dans laquelle se trouvait le Souverain au sujet de tous ces incidents, et termina en priant le maréchal de se rendre à Yildiz, afin d'éclairer Sa Majesté sur les violences dont sa personne avait été victime.

Fouad, s'inclinant devant cet ordre, formulé comme un désir, déclara qu'il se rendrait au Palais dans quelques heures.

Mais avant de quitter les siens, il écrivit deux lettres qu'il remit à son fils aîné en lui recommandant bien de les porter lui-même à leur destinataire, si, contre son espérance, il était arrêté.

Une de ces lettres était adressée à l'ambassadeur de Russie ;

L'autre, à l'ambassadeur de France.

Suivant l'usage, le maréchal endossa son uniforme de cérémonie, ceignit son sabre et se rendit à Yildiz.

Il y fut reçu par les chambellans de service et attendit que le Sultan le fît appeler.

Après un moment assez long d'attente, un eunuque vint lui annoncer que Sa Majesté l'attendait.

Nul ne pouvant paraître armé devant Elle, Fouad enleva son sabre, qu'il déposa sur un fauteuil et suivit les chambellans chargés de son introduction.

Un d'eux, dit au maréchal de passer par la pièce qui se trouvait à droite, le Sultan l'attendant dans le salon suivant.

A peine Fouad avait-il pénétré dans cette pièce qu'on en ferma vivement la porte ; et on lui déclara qu'il était prisonnier, par ordre de Sa Majesté.

C'est ainsi que, mettant une fois de plus en pratique le proverbe syrien, Abd-ul-Hamid attira dans son antre le vaillant homme de guerre dont il avait juré la perte depuis longtemps, depuis le jour surtout où il s'était opposé militairement au massacre des arméniens.

En même temps que leur maître était ainsi arrêté, les serviteurs, garrottés et couverts de chaînes, étaient conduits au poste de police de Moda, d'où on les achemina dans la prison du grand Zaptié.

Inutile de dire que de nombreuses arrestations suivirent celle du maréchal, de Chakir et de Nassin pacha.

On était bien aise à Yildiz de profiter de l'arrestation du lion, pour se débarrasser du même coup de tous les officiers que l'on jugeait suspects ou manquant de zèle.

Le fils aîné du maréchal, accomplissant religieusement les ordres de son père, porta les deux lettres à leurs destinataires.

L'ambassadeur de Russie demanda immédiatement une audience à Abd-ul-Hamid.

Cette audience lui fut accordée malgré tous les efforts de l'entourage yildizien.

L'ambassadeur intervint énergiquement en faveur du Maréchal ; et comme le Sultan lui déclarait que celui-ci était un traître, méritant la mort, le représentant de la Russie lui dit :

— Vous oubliez, Majesté, que le Maréchal est dignitaire d'ordres russes qui le placent sous la protection de Sa Majesté, l'empereur de toutes les Russies.

Et comme le Sultan rouge insistait sur la culpabilité de son serviteur, le représentant de Nicolas II déclara qu'il entendait que le maréchal eût la vie sauve et qu'il rendait officiellement Sa Majesté responsable de l'existence de Fouad pacha.

Et voilà pourquoi le maréchal est encore de ce monde.

Les journaux ayant plus ou moins longuement raconté son exil, son procès et sa condamnation, nous arrêterons là ce que nous avions à révéler sur la façon dont le Maréchal fut arrêté, pour dire quelle fut la conduite de notre ambassadeur dans cette circonstance.

Cette conduite fut celle que tint toujours la France républicaine quand elle dut protéger les victimes du Sultan rouge, ces victimes fussent-elles, comme le Maréchal, des amis sincères et des admirateurs de notre pays (1).

Monsieur Constans, notre ambassadeur, s'appuya sur les critiques que le maréchal avait formulées au moment de l'arrivée de notre escadre à Métélin — critiques en somme très compréhensibles, quand on songe à la *cause officielle* qui nous faisait intervenir militairement, — pour abandonner le Maréchal aux griffes du vautour d'Yildiz.

En agissant de la sorte, notre ambassadeur obéissait probablement, c'est du moins ce que nous voulons croire, aux ordres du quai d'Orsay.

Mais il n'en reste pas moins acquis, une fois de plus, que le temps est passé où les victimes d'un despote pouvaient s'adresser à la France afin d'obtenir aide et protection !

Poussant les choses jusqu'à leur extrême limite, désireux de se montrer supérieur à son prédécesseur, Ahmed-Djelalledin pacha, accusé de trop

(1) Le Maréchal est un élève de l'ancienne mission française.

grande tiédeur depuis longtemps et mis en suspicion par les insuccès de son dernier voyage à Paris, dont le but était de ramener à Constantinople le beau-frère du Sultan et ses deux fils, le chef actuel de la Police Secrète d'Abd-ul-Hamid, voulant se débarrasser de l'influence sans cesse grandissante du cheikh Ebul-Huda, l'honorable interprétateur des songes de Sa Majesté, et le successeur du fameux Abdurrhaman-Essin, fit faire une perquisition en règle dans le domicile de ce haut personnage, avec le désir secret de l'impliquer dans la *grrrande conspiration* du Maréchal.

Malheureusement, pour le succès du plan de l'habile et peu scrupuleux policier, la perquisition n'aboutit à rien.

Quand nous disons qu'elle n'aboutit à rien, nous nous trompons. Elle provoqua chez le Cheïkh une violente colère, et occasionna au Sultan un moment très dur à passer.

Ebul-Huda menaça son maître de toutes les foudres de son pouvoir magique ; déclara qu'il abandonnerait son impérial client à tous les songes de l'Ange noir et qu'il quitterait un Palais où on ne savait plus apprécier ses éclatants et puissants services.

Abd-ul-Hamid supplia son illustre prédicateur et devin de ne pas mettre son projet à exécution et lui promit pleine et entière satisfaction.

Fidèle à sa promesse, le frère sanglant de Guillaume II et grand ami du Président Loubet, profita de la célèbre cérémonie du dernier baïram pour donner ample satisfaction à l'illustre victime du grand chef de ses espions.

Lorsque Ebul-Huda passa devant son trône avec les ministres et les plus grands personnages de l'empire, ainsi que cela se pratique pour la grande cérémonie du Baise-main, et qu'il se fut incliné pour porter le pan de sa stambouline à ses lèvres, il le releva précipitamment et, faisant signe à un de ses chambellans, il prit sur le coussin de velours que lui présenta ce dernier la même décoration en brillants que porte, avec orgueil, le Président de la République française ; saisissant alors ce grand ordre de l'Imtiaz, le Sultan en para son devin en lui disant de recevoir cette grande marque de haute considération en mémoire de la satisfaction que lui donnaient ses services et son zèle des plus fidèles.

Et voilà comment Abd-ul-Hamid, en rendant publiquement justice à son devin, prouva que, dans sa pensée, ce dernier valait largement un

Président de république, cette république fût-elle la République française.

En indiquant une fois de plus, qu'en montant sur le trône d'Osman, il n'avait pas oublié ses grandes aptitudes d'espionnage, et qu'il entendait bien demeurer le plus illustre Machiavel des temps modernes, Abd-ul-Hamid, sans se soucier du mécontentement qui s'empare de plus en plus de l'armée, des softas et de son peuple, a témoigné encore davantage que, s'il était le plus grand des espions européens, il n'en restait pas moins indigne d'exercer la régence gouvernementale que ses intrigues et ses mensonges lui ont procurée.

. . . .

Les arrestations et les condamnations illégales du maréchal Fouad pacha, de Chakir, de Nassin et de plus de 40 officiers et sous-officiers, ont donné naissance aux protestations les plus énergiques des officiers de l'armée turque.

Parmi ces protestations, nous reproduirons celle qui a été adressée au journal turc de notre ville : Le vaillant *Mechveret*.

La voici telle qu'elle a été reproduite par cet organe :

6***

UNE PROTESTATION

Nous avons reçu, à propos de l'arrestation du maréchal Fouad Pacha, la lettre suivante :

A Monsieur le Directeur
du journal LE MECHVERET
Paris.

Au nom de tout le corps d'officiers de notre chère et brave armée, je viens protester, avec indignation, contre la mesure inouïe qui frappe le maréchal Fouad Pacha.

Le héros d' « Eléna », le plus jeune et le plus vaillant de nos chefs vient d'être exilé, sans aucun procès ni jugement, en Syrie.

Toute communication avec le maréchal nous étant impossible, je viens demander à votre journal l'hospitalité de ces quelques lignes qui, réçues par des amis, consuls, ou autres étrangers résidant dans le pays d'exil, feront connaître à cette nouvelle victime de la camarilla d'Yildiz, que ni lui ni les autres camarades persécutés par le régime actuel ne seront oubliés par nous; nous pouvons leur affirmer également que tous les honnêtes gens de tous les pays flétriront avec nous la mesure prise par ce gouvernement qui ne trouve la force de vivre que dans l'espionnage, la bassesse et la terreur.

UN GÉNÉRAL TURC.

Inutile de dire, n'est-ce pas, que la signature de cette lettre cache le nom d'un général bien connu de l'armée turque.

Vous verrez que le Sultan rouge, à force d'imiter Don Quichotte se battant contre des ennemis imaginaires, finira par soulever la tempête qui l'emportera lui et ses courtisans dans « le monde d'où l'on ne revient pas. »

.   .   .   .

Comme épilogue à l'affaire de Fouad pacha, nous dirons que son maître d'hôtel a été condamné à quinze ans de travaux forcés ; deux de ses principaux domestiques à dix ans chacun, et cinq autres à des peines légères.

Quant au nombre des autres arrestations elles ont dépassé le chiffre de cent, sans compter celles de Chakir et Nassin pachas ; ce dernier directeur de l'infanterie au ministère de la guerre et beau fils du célèbre diplomate et Grand Vézir Ali pacha.

CHAPITRE XI

—

LES SULTANS ABD-UL-HAMID-KHAN II ET MOURAD V

—

Notre campagne et nos conférences dans le monde maçonnique en faveur du F∴ Mourad. — La décision de la
loge *le Temple de l'Honneur et de l'Union*. — Les agissements du juif Abou-Nadara et de son acolyte le F∴
Guilbert. — Le réveil du parti de la *Jeune Turquie*.

———

Lorsque nous quittâmes Constantinople, il y a
maintenant treize ans, nous promîmes au sultan
Mourad, près de qui nous avions pénétré au risque
de notre liberté et de notre vie, de faire connaître
sa véritable situation à ses frères de France et de
leur demander l'aide et la protection auxquelles
ont droit les maçons accablés par l'injustice et la
trahison des hommes.

A dire vrai, nous nous faisions peu d'illusion
sur le résultat que nous pourrions obtenir d'une

franc-maçonnerie dévoyée et judaïsée jusqu'au plus profond de sa moelle.

Mais nous avions promis ; il fallait nous exécuter.

C'est ce que nous fîmes dès le commencement de l'année 1892.

Après avoir interrompu notre long sommeil, c'est-à-dire après avoir repris nos travaux maçonniques, suspendus pendant plusieurs années, nous commençâmes notre campagne par une première conférence sur les sultans Mourad V et Abd-ul-Hamid-Khan II, faite dans la loge à laquelle nous étions affilié.

Cette première conférence eut un succès qui dépassa nos espérances.

Sur la proposition du frère qui en était alors le respectable et intelligent vénérable, la loge vota à l'unanimité l'impression de notre conférence et son envoi dans toutes les loges orientales placées sous l'obédience du grand Orient de France.

Plusieurs vénérables nous ayant demandé de répéter cette conférence dans leurs loges, nous nous empressâmes d'accéder à leur désir et pendant trois mois, nous portâmes la bonne parole rue Cadet, à Belleville, dans les environs de Paris.

Mais l'ambassade turque veillait, et, éclairée et instruite par le Juif Abou-Nadara qui, dans un voyage qu'il venait de faire à Constantinople, avait reçu la mission de contrecarrer à tout prix notre campagne en faveur de Mourad, l'ambassadeur insista tellement auprès du ministre Floquet, à ce moment président du Conseil, que celui-ci fit passer dans l'organe officiel de la rue Cadet une note qui, en nous appliquant un blâme discret, s'excusait de ne pouvoir sévir contre la liberté de langage de certains F.·..

Cette note d'une vassalité pourtant si grande à l'égard d'Abd-ul-Hamid, n'ayant pas donné le résultat qu'on en attendait, on nous jeta dans les jambes un certain F.·. Guilbert, israélite, à qui on promit une belle situation à Constantinople s'il parvenait à arrêter notre propagande.

Ce faux F.·. ne négligea rien pour parvenir à son but : Disciple convaincu de Bazile, il entassa calomnies sur calomnies, et poussa l'audace jusqu'à présenter le Sultan rouge comme le protecteur et l'ami des francs-maçons constantinopolitains.

Le gaillard, aidé de son copain Abou-Nadara, aurait poussé les choses probablement plus loin, si nous ne l'avions menacé de le traiter comme un chien enragé devant tous les F.·. de la respectable loge.

Comme nous avions la naïveté d'attendre le lendemain les témoins de notre homme, nous apprîmes qu'il était parti précipitamment pour Constantinople, encaisser le montant de sa triste campagne.

Le bonhomme fut en effet nommé conseiller d'un ministère quelconque, aux appointements annuels de 23.000 frcs.

Mais le gaillard ayant pris goût au doux métier de l'espionnage, fit tant et si bien, se montra si audacieux maître chanteur, que notre ambassadeur, Monsieur Cambon, le fit enlever un beau matin par ses Cavas et l'embarqua pour la France.

De retour à Paris, notre misérable adversaire fonda un journal hebdomadaire dans lequel il chercha à prouver, toujours en employant les procédés de Bazile que..... le sultan Mourad V était sain de corps et d'esprit, et que le voleur de son trône, le malheureux Abd-ul-Hamid, était fou à lier.

Et voilà comment finissent beaucoup d'espions du Sultan rouge, maîtres chanteurs éhontés, lorsque la caisse yildizienne se ferme pour eux.

Notre Conférence ayant donné lieu à des bavardages et à des calomnies dont nous sommes encore quelquefois victime, nous la donnons ici sans en rien omettre, telle qu'elle a été imprimée sous la surveillance du vénérable de la loge du *Temple de l'Honneur et de l'Union*. Elle achèvera d'éclaircir certains points restés peut-être obscurs dans notre récit de l'avènement au pouvoir du sultan Abd-ul-Hamid, et donnera la date précise de la renaissance du *parti de La Jeune Turquie* !

ABD-UL-HAMID II
(Sultan Rouge).

LES SULTANS MOURAD V

ET

ABD-UL-HAMID KHAN II

Conférence faite le 23 mars 1892 à la R∴ L∴ le Temple
de l'Honneur et de l'Union, O∴ de Paris.

Messieurs et C∴ F∴

Avant de pénétrer dans le cœur du sujet que je
vais avoir la faveur de traiter devant vous, permet-
tez-moi de vous rappeler les bases philosophiques,
morales et humanitaires, qui constituent la franc-
maçonnerie. Ces bases, aussi larges que généreuses, sont ainsi conçues :

Je lis textuellement, dans la *Constitution et règlement général de la Fédération* ou Grand-Orient
de France :

DE LA FRANC-MAÇONNERIE ET DE SES PRINCIPES

ARTICLE PREMIER.

« La franc-maçonnerie, institution essentielle-
ment philanthropique, philosophique et progressive, a pour objet la recherche de la vérité, l'étude
de la morale et la pratique de la solidarité ; elle tra-
vaille à l'amélioration matérielle et morale, au per-
fectionnement intellectuel et social de l'humanité.

« Elle a pour principes la tolérance mutuelle, le
respect des autres et de soi-même, la liberté absolue de conscience.

. . . .

« Elle a pour devise : Liberté, Egalité, Fraternité.

ARTICLE 2.

« La franc-maçonnerie a pour devoir d'étendre
à tous les membres de l'humanité les liens fraternels qui unissent les francs-maçons sur toute la
surface du globe.

« Elle recommande à ses adeptes la propagande
par la parole, les écrits et l'exemple.

« Tout franc-maçon a le droit de publier son
opinion sur les questions maçonniques.

ARTICLE 3.

« Le franc-maçon a pour devoir, en toute circonstance, d'aider, d'éclairer, de protéger son frère, même au péril de sa vie, et de le défendre contre l'injustice. »

Voici, mes T∴ C∴ F∴, des prémices absolues, formelles, bien dignes des esprits supérieurs qui fondèrent notre association.

Ces prémices, ces engagements auxquels nous avons tous juré d'être fidèles le jour de notre réception dans la grande famille maçonnique, ont-ils toujours été suivis par nos frères et particulièrement par ceux qui ont l'honneur d'être à la tête de notre ordre ? C'est à votre conscience mes F∴, que je laisse le soin de répondre ! Mais ce qui est certain, ce qui ne souffre pas de discussion, c'est que la franc-maçonnerie ne peut s'écarter de ces articles fondamentaux sans aller à sa ruine et à un complet discrédit, le discrédit qui accompagne toujours les œuvres dévoyées et dans lesquelles domine l'esprit de secte, c'est-à-dire : le fanatisme.

Si je viens de vous rappeler les articles qui sont en tête de notre constitution, c'est que j'aurai, tout à l'heure, à faire un chaleureux appel à vos sentiments de fraternité, de solidarité, de charité et de dévouement.

Ceci dit, je ne m'attarderai pas davantage dans ces préliminaires remémoratifs.

J'ai à vous parler, mes F∴, des sultans Mourad V et Abd-ul-Hamid; de deux hommes dans lesquels se sont incarnés les pôles de la pensée humaine et de la question sociale, c'est-à-dire le despotisme, dans toute l'énergie du terme, et la *libre pensée*, dans ce qu'ellè possède de plus libéral, de plus large et de plus humain.

Mais il me faut remonter assez loin et prendre les choses à leur début. Commençons donc par le commencement :

Les sultans Mourad V et Abd-ul-Hamid II sont les fils de feu le sultan Abd-ul-Medjid. L'un et l'autre, suivant la loi musulmane qui ne reconnaît pas l'hérédité directe dans la transmission de la couronne, succédèrent à leur oncle paternel, Abd-ul-Aziz, proclamé Sultan ou Empereur des Ottomans à la mort d'Abd-ul-Medjid.

L'histoire dira un jour ce que furent ces sultans de la décadence ottomane.

Nous n'avons à nous occuper ici que des deux fils d'Abd-ul-Medjid.

Voyons, à grands traits, quelle fut leur jeunesse et comment ils furent élevés.

Mourad, l'aîné, héritier du trône et le préféré d'Abd-ul-Medjid, reçut, dès sa plus tendre enfance, une éducation et une instruction des plus libérales. Ainsi que je l'ai dit dans mon premier volume sur Constantinople : *la Turquie officielle*, il fut élevé en vue de la destinée qui l'attendait. Son père, qui avait pour lui une préférence bien marquée, assistait souvent aux leçons de son cher *Mouradin*, ainsi qu'il se plaisait à l'appeler, et cherchait à faire pénétrer dans son jeune cœur les sentiments de bonté, de libéralisme, de justice et de patriotisme qu'il possédait lui-même à un si haut degré. Abd-ul-Medjid, qui ne pouvait prévoir le règne si néfaste pour la Turquie, de son neveu, Abd-ul-Aziz, se plaisait à dire que son cher Mouradin continuerait l'œuvre de réformes commencée par le sultan Mahmoud, et saurait, avec le concours et la volonté d'Allah, la conduire à bonne fin, pour le relèvement de la gloire et du bien-être de l'Empire ottoman.

Méhémed Mourad effendi, né le 21 septembre 1840, d'une mère circassienne, qui a laissé une grande réputation de beauté, était d'une nature impressionnable, quoique d'un bon tempérament et d'une riche constitution.

Il eut pour professeur de français un de nos compatriotes, M. Gardet, et étudia la musique et le piano sous la direction du vieux maëstro Guatelli pacha, aujourd'hui encore le professeur des princes et princesses de la famille impériale. Ses premiers professeurs pour le turc furent Ferid effendi et Omer effendi, surnommé, à cause de son énorme goitre, *Berdan-Hiran* ou l'*Homme à la gorge qui remue.* Le savant et illustre cheïkh Hafouz effendi lui enseigna l'arabe le plus pur.

Je dois ajouter au nombre de ses professeurs, Edhem effendi, le même que celui qui fut le successeur de Midhat au Grand Vézirat.

Ce fut cet homme remarquable qui, avant notre compatriote Gardet, enseigna à Mourad les éléments de notre langue et l'art de s'exprimer correctement en français.

Dès l'âge de treize ans, les progrès du jeune prince devinrent si sensibles qu'il put lui-même devenir le professeur de son frère, Abd-ul-Hamid, auquel une santé délicate ne pouvait permettre des études sérieuses et suivies.

Mourad était alors, au dire de tous ceux qui l'ont connu à cette époque, d'une humeur gaie, charmante, un peu caustique, et d'une générosité que l'on comparait volontiers à celle de son illustre père.

Un jour, que je demandais à Edhem, devenu pacha, s'il avait remarqué chez son élève cette forte tendance vers la mélancolie, tendance dans laquelle on voulut, plus tard, voir le germe d'une affection mentale, Edhem me répondit :

— Non, Mourad ne présentait à cette époque que ce fond de rêverie, peut-être un peu mélancolique, qui existe chez tous les Turcs, et en particulier chez tous les hommes qui aiment rêver au contact des beautés de la nature.

Pendant que le prince Mourad était ainsi préparé à la haute destinée qui l'attendait et que son père, Abd-ul-Medjid, mettant en lui ses plus chères espérances, veillait de près à son instruction et à son éducation, voyons, mes chers F.·., quelle était la vie du jeune Abd-ul-Hamid, auquel une série d'intrigues, issues du parti vieux turc, c'est-à-dire du fanatisme des prêtres et des ignorants, devait donner un trône pour lequel tout disait qu'il n'était pas né.

Abd-ul-Hamid, le sultan régnant, celui qui occupe actuellement la place de Mourad V, est le troisième fils du sultan Abd-ul-Medjid. Il est né le 22 septembre 1842 ; il a donc deux ans de moins que son frère Mourad.

Si l'on en croyait certains racontars, Abd-ul-Hamid serait le fils d'un simple Arménien, employé du palais, ce qui expliquerait bien la nature véritablement arménienne de sa physionomie, et tout ce qu'il y a de byzantin dans sa politique.

Ce qui est certain, en dehors du racontar dont je viens de vous parler, c'est qu'Abd-ul-Hamid a eu pour mère une Géorgienne morte phtisique et descendant d'une famille de sérafs ou changeurs, dans laquelle l'art de bien compter constitue un don naturel.

Trop éloigné du pouvoir suprême par l'ordre de succession au trône des Ottomans, Abd-ul-Hamid avait dû à cet éloignement et à sa mauvaise santé d'être dégagé des étroites obligations du cérémonial oriental. Son instruction, plus que négligée, consista à apprendre le turc et un peu d'arabe.

Libre de ses allures, il mena, dès sa tendre jeunesse, une existence de *far niente* et de débauches, dont les excès précoces faillirent plus d'une fois compromettre gravement sa santé.

Alors que Mourad était déjà très instruit, Abd-ul-Hamid savait à peine lire et écrire.

Pendant que l'héritier légitime du trône se préparait, par une vie de travail et d'étude, à se montrer digne de conduire la nation ottomane dans l'accomplissement des réformes, si largement et sanguinairement préparées par feu le sultan Mahmoud, l'autre rejeton du harem impérial ne songeait qu'à jouir de sa situation de prince.

Dès ce moment, deux hommes, deux médecins, commencèrent à jouer un rôle considérable dans l'existence des deux jeune princes : le premier de ces deux médecins s'appelait Capoleone ; le second, Mavroyéni.

Capoleone, médecin d'origine napolitaine, était attaché à la maison de Mourad ; Mavroyéni pacha, d'origine grecque, a vu, pour ainsi dire, naître Abd-ul-Hamid ; il est resté l'ami et le médecin de son impérial client.

Je vous demande pardon, mes F.·., de ces détails, à coup sûr peu intéressants pour beaucoup d'entre vous, mais qui sont, pourtant, indispensables à l'intelligence des événements tragiques dont je vais avoir à vous entretenir. C'est en eux, du reste, que se trouvent les germes des faits historiques qui ont donné un si cruel démenti aux nobles aspirations du parti de la *Jeune Turquie*.

Pendant que les deux princes vivaient ainsi, dans des conditions si opposées, leur père mourait et le trône, suivant la loi ottomane, était occupé par leur oncle Abd-ul-Aziz.

Dès l'avènement de ce dernier, Mourad eut à

supporter toute la malveillance jalouse du nouvel Empereur. Ne vivant plus qu'entouré d'espions, toujours prêts à mal interpréter ses actes, Mourad, retiré dans son kiosque, se livra de plus en plus à ses études favorites et particulièrement à celles de la musique et du piano.

C'est à cet instrument qu'il demanda plus d'une fois les consolations et l'oubli momentané de ses ennuis.

Plus libre dans ses allures, nullement espionné, considéré comme un prince sans valeur par Abd-ul-Aziz, Abd-ul-Hamid continuait à vivre librement, sans entraves, sans les soucis qui, déjà, posaient leurs griffes mélancoliques sur le beau front de son frère aîné.

Le voyage d'Abd-ul-Aziz en Europe fut pour le prince Mourad une source de nouvelles tribulations.

La bienveillance que le jeune prince trouva à la cour de Napoléon III, les sympathies qu'il sut inspirer aux Souverains de Paris et de Berlin, la cordialité des relations qu'il noua pendant ce voyage en Europe, augmentèrent encore la jalousie d'Abd-ul-Aziz et l'étroite surveillance à laquelle Mourad fut constamment en but.

Durant ce fameux voyage toutes les faveurs

étaient allées, spontanément, vers l'élégant prince qui devait un jour succéder au Padischah que chacun s'empressait de fêter ; quant à Abd-ul-Hamid, également du voyage impérial, il passa partout à peu près inaperçu.

Abd-ul-Aziz avait, comme Ismaël pacha, alors vice-roi d'Egypte, conçu la pensée de modifier profondément l'ordre de succession au trône, en faveur de sa descendance directe.

Pour arriver à ses fins, il n'avait pas hésité à accueillir favorablement la demande de son vassal, Ismaël pacha, ainsi que les nombreux présents artistiques et les millions que celui-ci, en habile courtisan, prodiguait à l'appui de ses sollicitations.

En accordant à ce dernier le *firman* qui assurait à son fils aîné le trône d'Egypte, le Sultan faisait en même temps tout son possible pour rendre son propre héritier populaire dans l'armée et parmi les membres du clergé ; Abd-ul-Aziz pensait profiter du précédent égyptien pour empêcher Mourad de lui succéder, et peut-être fût-il parvenu à son but sans la révolution militaire qui le renversa du trône.

Ce fut pendant que ce Sultan achevait de ruiner la Turquie par ses dépenses si exagérées, dépenses qui, en moins de onze années, avaient porté la dette publique de 375 millions de francs à plus de 4 milliards, alors que la dette flottante atteignait elle-même près d'un milliard, qu'un mécontentement, jusqu'alors contenu, commença à se montrer au grand jour, et qu'il se produisit dans l'existence de Mourad deux événements absolument mémorables : je veux parler de son mariage avec une jeune fille belge et de son initiation à la franc-maçonnerie.

Et ici mes F.·., qu'il me soit permis d'attirer fortement votre attention sur ce fait, unique dans l'histoire ottomane et dans les annales de la franc-maçonnerie.

Certes, le fait, considéré en lui-même, n'a rien de bien extraordinaire pour nous, enfants de l'Europe civilisée ; mais, si vous voulez réfléchir un instant à tout ce qu'il renferme d'audace révolutionnaire, en tant que fait accompli par le futur Padischah des Ottomans, vous conviendrez avec moi qu'il y avait là tout un vaste programme de réformes politiques et sociales.

Qu'est-ce, en effet, qu'un Padischah ?

C'est la réunion, en un seul prince, des deux pouvoirs les plus considérables de la terre : le pouvoir politique et le pouvoir religieux.

Or, par ces mots de pouvoirs politiques et religieux, il faut que vous entendiez, Messieurs et chers

F∴, l'exercice de l'autorité la plus grande, la plus absolue, la plus effrayante, et, laissez-moi vous le dire, la plus antihumanitaire que l'homme ait pu rêver.

Le Padischah, en effet, n'est pas un simple empereur autocrate et tout-puissant ; pour tous les musulmans, et pour les Turcs en particulier, c'est le représentant du Prophète, c'est-à-dire le Maître de tout l'Islam, l'Ombre de Dieu sur la terre.

Pour lui, les lois n'existent pas ; il est au-dessus d'elles comme le maître est au-dessus de l'esclave ; son pouvoir ne peut être mis en parallèle qu'avec celui du Tzar, chef tout à la fois temporel et spirituel du vaste empire russe.

On ne peut trouver dans l'histoire un tel pouvoir qu'en remontant au moyen âge, à l'époque de la toute-puissance temporelle et spirituelle des papes, alors que, sur un seul de leurs signes, s'allumaient les guerres fratricides, comme devaient s'allumer plus tard les bûchers, à la grande joie des enfants de saint Dominique.

Eh bien ! dans ces conditions, de quels applaudissements n'accueilleriez-vous pas l'annonce qu'un pape, jouissant des prérogatives de ses prédécesseurs, vient de renoncer à ces prérogatives en faveur de la franc-maçonnerie ?

Voyez-vous le Tzar de toutes les Russies se faire franc-maçon, c'est-à-dire reniant la double origine de son pouvoir ?

Voilà pourtant l'importance de l'acte révolutionnaire que notre F∴ Mourad accomplissait le jour où il se faisait recevoir dans la loge française de Péra.

Je sais que quelques politiciens ont voulu nier cette initiation de Mourad à la franc-maçonnerie ; mais, en outre des documents qui existent à Constantinople, nous avons ici, à Paris, un frère qui assista à la réception de Mourad.

Ce F∴, c'est le citoyen Amiable.

En divorçant d'une façon si éclatante avec le fanatisme des vieux musulmans, Mourad avait pour but de s'initier à toutes les grandes vérités qui président à la marche en avant du progrès.

Et ne croyez pas, mes très chers F∴, qu'en agissant ainsi, Mourad n'avait pas la conscience de toute la valeur politique et sociale de l'acte qu'il accomplissait. Il avait tellement conscience de l'importance de cet acte, qu'il ne s'était décidé à l'accomplir qu'après avoir consulté plusieurs maçons éminents, et après s'être familiarisé avec l'esprit des diverses constitutions gouvernementales qui existent en Europe.

Alors qu'Abd-ul-Hamid continuait sa vie de débauche crapuleuse, dont le souvenir reste encore parmi les habitants de la rive asiatique, Mourad cherchait à s'entourer, sans distinction de cultes ou de croyances, des personnalités qui lui paraissaient les plus capables de l'aider un jour dans l'accomplissement de son rêve le plus cher :

Continuer l'œuvre de réforme générale que le règne absolu et autoritaire d'Abd-ul-Aziz avait si fâcheusement interrompue.

« Je voudrais, disait Mourad, garder du passé ce qui est bon, et régénérer mon peuple en le plaçant, suivant ses aptitudes, sur la voie du progrès parcourue par les autres nations depuis le jour où nous avons cessé d'être une nation conquérante. — La Turquie a dormi près de deux siècles, et pendant qu'elle se laissait corrompre par les vices des peuples qu'elle avait soumis, elle ne voyait pas qu'un nouveau soleil s'élevait à l'horizon, inondant de ses lumières tous les peuples dont les regards étaient tournés vers lui. »

« Ce soleil, continuait Mourad, c'est le progrès ; c'est l'esprit humain, toujours actif, toujours en travail d'enfantement, porté vers l'avenir par le besoin de tout ce qui est beau, de tout ce qui est bon, de tout ce qui est utile. »

Certes, en s'exprimant ainsi, Mourad savait parfaitement combien était lourde la tâche qu'il devait assumer ; mais il espérait et croyait.

Pendant que les deux fils d'Abd-ul-Medjid vivaient de cette existence si opposée : l'un, jouissant d'une liberté complète ; l'autre, forcé de cacher ses nobles aspirations, s'attendant presque chaque jour à être arrêté, et, pour endormir la méfiance de son oncle, le Sultan régnant, affectant de se livrer aux plaisirs, de recevoir de joyeux convives, avec lesquels il paraissait, comme son frère Abd-ul-Hamid, fêter les liqueurs fortes et le champagne, les événements qui devaient si brutalement amener la révolution du palais, révolution dans laquelle Abd-ul-Aziz perdit la vie, commençaient à prendre corps dans l'esprit des principaux membres du ministère de la Sublime-Porte.

Mourad eut-il conscience de ce qui allait se passer ? Fut-il prévenu par les conjurés de son prochain avènement au trône ? Le doute le plus complet règne à cet égard.

Ce qui est certain, c'est que, dès cette époque, c'est-à-dire dès la fin de l'année 1875, les deux partis qui divisaient alors les hommes du pouvoir, — le parti de la *jeune Turquie*, parti du progrès et de la liberté, et celui de la vieille Turquie, qui était, comme il l'est encore, le parti clérical et fanatique, — avaient pris les deux princes pour chefs suprêmes.

Ce fut à cette époque qu'Abd-ul-Hamid, cédant à l'influence du Dr Mavroyéni pacha, et voyant déjà sa santé délicate s'altérer de jour en jour, cessa brusquement sa vie de plaisirs et de débauches. Dompté par une surexcitation prolongée, ses nerfs se détendirent brusquement, et brusquement aussi, on le vit renoncer au vin, aux liqueurs fortes, au mastic et à ses orgies journalières, pour exagérer la sobriété et les principes austères des disciples du vieux parti turc.

Dès ce moment, le frère de Mourad affecta de ne porter que le dolman et la pelisse des Imans ; il se renferma dans la société de sa femme et de ses enfants, modifia, en homme qui sait compter, le personnel de sa maison, et ne fréquenta plus que les hommes graves et fanatiques de Stamboul.

C'est également dans cette période que se produisit entre les deux frères une vive altercation dont l'origine est assez curieuse, ainsi que vous allez pouvoir en juger :

Un littérateur, nommé Cassape, avait adapté au théâtre turc l'*Avare* de Molière. Pour rendre son adaptation plus en harmonie avec le génie turc, il avait intitulé sa pièce : *Piti-Hamid*, du nom d'un Harpagon légendaire, dont on montre la tombe à Scutari.

Abd-ul-Hamid, dont la réputation d'avarice était déjà très répandue, crut que Cassape avait voulu l'exposer à la risée publique ; et comme l'auteur, très libéral, était au mieux avec Mourad, il vint trouver son frère et exhala une colère furieuse contre le traducteur de l'*Avare*. Mourad eut beau lui expliquer que la comédie n'était pas écrite à son intention, puisqu'elle datait de deux siècles, que ce nom de Hamid était en réalité celui d'un khôdja célèbre par ses traits d'avarice, comme Naser-Eddin par ses facéties ; Abd-ul-Hamid lui répondit que Cassape aurait pu tout aussi bien appeler son avare Mourad, et, comme son frère lui objectait qu'en lui donnant ce nom, l'auteur n'aurait pas rattaché sa pièce à un souvenir populaire : — Qu'importe, s'écria Abd-ul-Hamid, il ne m'aurait pas offensé et fait croire que vous lui aviez suggéré l'idée de me tourner en ridicule.

Vindicatif comme tous les dévots, Abd-ul-Hamid n'oublia pas cette fameuse traduction de l'*Avare*, et plus tard, dès le début de son règne, il profita d'un dessin qui parut dans le journal de Cassape pour faire condamner celui-ci à trois ans de détention.

Ce dessin, très suggestif, représentait Karageuse enchaîné. Il avait pour épigraphe : « La liberté de la presse dans les limites de la loi. »

Mais revenons, mes chers F∴, aux événements qui vont brusquement tirer Mourad de son kiosque de la côte d'Asie, pour le porter triomphalement sur le trône des Ottomans.

Jamais le pouvoir du sultan Abd-ul-Aziz n'avait semblé aussi affermi. Aux yeux des esprits européens les plus clairvoyants, le sultan était absolument maître de son empire. Et pourtant, jamais la Turquie ne s'était trouvée dans une phase si difficile : la révolte grondait dans toutes ses possessions européennes; la Serbie et le Monténégro étaient sur le point de déclarer la guerre à leur suzerain. La Bulgarie mourait sous le sabre des bachi-bouzouks égorgeurs !

Depuis deux mois, la banqueroute était déclarée !

La Russie préparait, dans l'ombre, les événements qui devaient se terminer par la terrible et néfaste guerre que tout le monde connaît.

Malgré la réelle popularité d'Abd-ul-Aziz, le mécontentement, longtemps contenu, allait éclater.

Une première manifestation de ce mécontentement général se produisit sous la direction des membres du clergé et de quelques personnages importants.

Cette manifestation eut pour effet le renversement de l'incapable complaisant du Sultan, le Grand Vézir Mahmoud, l'auteur responsable des massacres de la Bulgarie.

Ce fut dans ces conditions que commença le mois de mai 1876. Il débuta sous l'influence des rumeurs sinistres qui circulaient dans les quartiers de Péra et de Galata.

Seuls, au milieu de cet horizon si menaçant, le Sultan et ses créatures conservaient leur méprisante et superbe tranquillité.

Les choses en étaient là, quand, le 30 mai 1876, les habitants de Constantinople furent brusquement réveillés, dès 6 heures du matin, par des salves d'artillerie.

Ces salves annonçaient, *urbi et orbi*, la déposition du sultan Abd-ul-Aziz et l'avènement de son neveu Mourad V.

La révolution, redoutée par les uns, désirée par les autres, était un fait accompli.

Cette révolution, mes très chers F∴, voici comment elle s'était opérée :

Les ministres, alors au pouvoir, Ruschid pacha,

Grand Vézir, Midhat pacha, ministre de la justice, et Hussein-Aveni pacha, ministre de la guerre, — ce dernier ennemi personnel du sultan, auquel il n'avait jamais pardonné un premier exil, — forts du consentement du chef des ulémas, le cheîk-ul-Islam, Hassan-Hairoullah, inquiets des mesures prises par Abd-ul-Aziz dans le courant de la journée du 29 mai, décidèrent de précipiter les choses et de déposséder leur Maître dans la nuit de cette même journée.

S'il faut en croire certains auteurs, le prince Mourad aurait été prévenu de ce qui allait se passer dans la matinée du lundi, 29 mai. Mais, s'il en était ainsi, comment pourrait-on expliquer la surprise et les hésitations de Mourad, que l'on avait éveillé brusquement pour lui annoncer la présence d'Hussein-Aveni pacha, qui, armé d'un revolver à six coups, venait lui notifier qu'il devait se rendre avec lui au Séraskiérat — ministère de la guerre — où, en présence des membres du cabinet et de tous les hauts personnages, réunis par les soins du Grand Vézir Méhémet-Ruschid pacha, il allait être salué Sultan?

La vérité, c'est que Mourad ne s'attendait pas à une révolution si rapide.

Mourad, chargea Rédif pacha, président du conseil de guerre, de la dangereuse mission d'aller annoncer à Abd-ul-Aziz la révolution qui venait de s'accomplir.

Il était deux heures du matin quand Rédif pacha arriva au palais de Dolma-Bagtché. Le sultan dormait profondément ; il fallut que le chef des eunuques le réveillât pour lui transmettre le terrible message, et lui annoncer qu'il lui était prescrit de quitter le Palais et de se rendre avec les siens au vieux sérail de Top-Capou.

La fureur d'Abd-ul-Aziz fut terrible : il brisa tout ce qui se trouvait sous sa main ; mais, en voyant le Palais cerné, il comprit que toute résistance était inutile, et, paraissant subitement calmé, il courba la tête, murmurant le dernier mot du fanatisme oriental.

— Que la volonté d'Allah s'accomplisse !

Il fit réveiller sa mère et ses enfants et se laissa conduire au caïque qui l'attendait.

En s'embarquant, en quittant ce palais où il avait commandé en maître absolu, il fut repris par un accès de fureur et s'écria :

— Par Allah ! Si j'avais su quelle plante était ce Mourad, je l'aurais arrosé avec du poison.

Le règne du sultan Mourad V commença comme avaient commencé ceux d'Abd-ul-Medjid et Abd-ul-Aziz.

Il débuta, comme tous les autres, par de belles promesses d'économies, d'ordre, de justice et de libéralisme ; il débuta même beaucoup mieux, car jamais avènement au trône ne provoqua un tel enthousiasme chez les amis du progrès et de la Jeune Turquie, et une telle stupeur chez les Vieux Turcs.

Rompant avec les préjugés séculaires, Mourad, finement ganté, se promenait, sans escorte, à cheval ou en voiture, dans toutes les rues de Constantinople, saluant de la main la foule qui l'acclamait comme jamais Souverain ne l'avait été.

Mais il me faut abréger, car le temps s'écoule, et je craindrais d'abuser de la sympathie avec laquelle vous m'écoutez, si je tardais plus longtemps à aborder la partie réellement intéressante de cette conférence.

Quelques jours s'étaient passés depuis l'avènement de Mourad V, quand, soudain, au milieu de la joie générale et des espérances les plus vives, un événement terrible vint frapper le jeune Sultan et ébranler fortement l'état de son esprit.

Le triumvirat qui avait renversé Abd-ul-Aziz, craignant peut-être l'agitation des partisans de ce dernier, résolut de se débarrasser d'un danger possible en faisant assassiner l'ex-sultan.

7**

Quel fut le véritable instigateur de ce crime ? Seul, Hussein-Aveni pacha eût pu le dire, s'il n'avait été lui-même tué par le frère d'une des femmes d'Abd-ul-Aziz, le tcherkess Hassam.

Mourad écouta comme un conte fait pour donner le change le récit qu'on lui fit du soi-disant suicide de son oncle.

Désespéré, tourmenté de l'idée que l'Europe pouvait le considérer comme le complice de cet acte barbare, Mourad s'écria, en proie au plus douloureux chagrin :

— Mes ministres m'ont couvert de honte ! Je lui lui avais promis que personne n'oserait attenter à ses jours, et les brutes l'ont assassiné ! Quelle horreur !

La secousse qu'il éprouva à l'audition de ce crime fut terrible. Elle détermina les principaux événements morbides qui entrèrent en scène dès cet instant.

Pendant ce fatal dimanche du 5 juin 1876, Mourad, toujours sous le coup de la triste fin de de son oncle, revint à plusieurs reprises sur ce pénible sujet et ne cessa de dire que l'Europe l'impliquerait dans l'odieux forfait, qu'il n'hésitait pas à attribuer au ministre de la guerre, Hussein-Aveni pacha.

Le lundi suivant, après une horrible nuit d'anxiété

et de douleur morale, Mourad se levait brisé, pâle, anéanti, portant sur sa physionomie l'empreinte de la fièvre et de l'insomnie.

Ce jour-là, mes F.·., fut un jour à tout jamais fatal pour notre frère Mourad et pour la Turquie. Si je m'exprime ainsi, c'est que ce jour fut le dernier du règne réellement lucide du sympathique Sultan et celui qui engloutit, pour longtemps, les grandes espérances de la Turquie et, laissez-moi vous le dire, l'influence française en Orient.

En effet, à partir de ce lundi 6 juin, Mourad cessa de contrôler exactement les conseillers du coup d'Etat; sous l'influence des progrès qu'avait faits sa maladie nerveuse, aggravée par le contre-coup de la tragédie qui s'était déroulée dans le palais de Tchéragan, il ne s'occupa presque plus de ses devoirs de Souverain et devint la proie des ambitieux, des courtisans et des agissements occultes de l'Angleterre.

Le docteur Capoleone, qui avait toute la confiance de la Sultane-Validé, — la mère de Mourad, — fut mandé à la hâte près de son impérial client et jugea à propos de formuler un traitement anti-phlogistique, dont les résultats furent désastreux.

Ce traitement, composé de l'application de soixante-dix sangsues et de bains chauds prolongés, en affaiblissant cet organisme déjà fatigué par le surmenage intellectuel et les excitations cérébrales issues des plaisirs des précédentes années, augmenta la sensibilité du malade et livra un large champ à la névrose.

Ce n'était pourtant pas là la démence proprement dite ; c'était un état nerveux, grave sans doute, mais parfaitement guérissable.

C'est, du reste, ce que nous verrons tout à l'heure.

Dans ses moments de calme, le malheureux Sultan, victime de l'incapacité de son médecin et des passions de son entourage, s'écriait :

— Je suis las de cette existence et de toutes ces intrigues ; je donne ma démission... qu'on intronise mon successeur, et qu'on me laisse aller vivre en paix en France ou en Italie.

Pendant que ces choses se passaient au Palais, voyons, mes F∴, ce qui se passait au dehors, et ce que faisait Abd-ul-Hamid !

Ce dernier, en rapport étroit avec certains ambassadeurs, et en particulier avec Sir Georges Elliot, prenait l'engagement d'inféoder sa politique aux intérêts anglais, s'il était un jour appelé à succéder à son frère Mourad.

Il faut mes F∴, que j'insiste un peu sur ces faits,

jusqu'ici inconnus du public, et qui, comme toujours, ne furent vaguement connus de notre ambassade qu'après coup.

Je vous ai dit combien Abd-ul-Hamid avait vécu ignoré sous le règne de son oncle, et comment on l'avait vu cesser brusquement sa vie de plaisirs et de débauches pour exagérer la sobriété et le fanatisme des membres du vieux parti turc. Quand il vit la tournure que prenait le règne de son frère, il changea encore d'allure et se révéla aux yeux d'un observateur attentif, aussi actif qu'ardent disciple de Machiavel.

Ce qu'il déploya d'activité fébrile pendant le règne éphémère de son frère est véritablement inouï! Il vit d'abord tous les personnages en vue du monde ottoman : les dignitaires de l'empire, les ministres, et, pour les gagner à sa cause, il n'hésita pas à prendre avec chacun d'eux des engagements, qu'il se promettait bien de ne jamais tenir.

Mais les Ottomans de gouvernement sont gens méfiants, et Abd-ul-Hamid leur inspirait une confiance très limitée.

Dans cette chasse au trône, le jeune prince s'était entouré d'hommes peu scrupuleux, de basse extraction, mais capables de tout pour faire arriver leur

Maître à un pouvoir dont ils pensaient bien se partager les bénéfices !

Ce furent ces hommes qui entamèrent les négociations avec les ambassadeurs de l'Allemagne, de l'Autriche-Hongrie et de l'Angleterre.

Je sais qu'Abd-ul-Hamid a voulu, plus tard, nier ces démarches et, particulièrement, les engagements qu'il prit avec l'Angleterre, — qu'il réalisa par la cession de l'île de Chypre et sa non-opposition au débarquement des Anglais en Egypte ; — mais j'ai pour soutenir ces révélations, non seulement les faits historiques de ce passé relativement récent, mais les attestations mêmes de Sir Georges Elliot, dont le coup a été si sensible à l'astucieux Padischah ottoman.

Ce qui est certain, c'est que, dès l'avènement de son frère, Abd-ul-Hamid employa tous les moyens possibles, même les plus bas, pour obtenir l'appui des puissances déjà citées et se faire imposer par elles aux hommes d'État ottomans qui, se rendant bien compte du véritable état de santé de Mourad, conservaient, avec l'espérance d'une guérison prochaine, la volonté de maintenir sur le trône le seul prince capable de continuer heureusement l'œuvre de réforme commencée par le sultan Mahmoud.

Cette méfiance des ministres ottomans et des

grands dignitaires, Abd-ul-Hamid ne la pardonna pas plus qu'il ne pardonna au journaliste Cassape sa traduction de l'*Avare* de Molière et sa suggestive satire de la liberté de la presse.

Et de ceci, mes chers F.·., vous en avez eu dernièrement un exemple bien frappant dans le suicide d'un des derniers serviteurs de l'infortuné Mourad V.

Je veux parler de l'ancien ambassadeur de Vienne, du désespéré Sâdoullah pacha.

Mais revenons à notre pauvre F.·., le sultan Mourad.

Pendant que son frère tramait autour de sa personne le filet dans lequel il devait tomber, Mourad, de plus en plus mal soigné, voyait chaque jour son état empirer et suivre, dans l'ordre moral, les complications critiques qui assombrissaient l'horizon politique de la Turquie.

Ce fut à ce moment que l'on songea à consulter le fameux spécialiste viennois, le D' Liedersdorf ; ce fut également à ce moment-là qu'un journal clérical du Midi publia deux lettres, que l'on attribua au médecin particulier de Mourad. Ces lettres, en révélant la soi-disant situation du Sultan, racontaient qu'il souffrait d'un ramollissement du cerveau provenant de l'alcoolisme, ramollissement qui avait produit la folie et un commencement de paralysie, *avant-coureur d'une mort prochaine.* Cette révélation eut, dans son exagération même, un immense retentissement. Elle fut reproduite par les journaux de Paris et très commentée par la presse russe. Le Dr Capoleone, malgré le démenti bien anodin qu'il publia dans le journal de Constantinople, *la Turquie*, resta sous le coup de la paternité de ces assertions, que l'histoire devait si bien démentir. Aujourd'hui, les gens bien au courant des intrigues de cette époque, n'hésitent pas à faire remonter l'inspiration de ces deux lettres à Abd-ul-Hamid, désireux de préparer, par ces calomnies, l'Europe au triste drame qui allait se passer en Turquie, au détriment du seul Sultan libéral qui était monté sur le trône d'Osman, et au profit de son étrange frère, considéré alors comme un prince aussi fanatique que fourbe et avare !

Seize années se sont écoulées depuis la publication de ces fameuses lettres, publication coïncidant si étrangement avec l'appel des ministres de Mourad aux lumières du savant médecin aliéniste Liedersdorf, et aux démarches, de plus en plus obséquieuses et pressantes, d'Abd-ul-Hamid près de Sir Georges Elliot, près des autres ambassadeurs et des personnages politiques de l'entourage de son frère, de son Maître, le sultan Mourad ! Eh bien ! je vous le demande, mes F.·., comme au moment de cette publication, n'est-on pas en droit de se demander pourquoi, s'il ne s'agissait pas de motiver le détrônement projeté du sultan, en établissant d'avance l'*incurabilité* de son mal, ce triste Sangrado italien n'a-il-pas énergiquement réfuté l'accusation qui fut portée contre lui ?

Mais passons ; ne nous arrêtons pas davantage sur ce triste témoignage en faveur des agissements fratricides d'Abd-ul-Hamid. Nous allons en rencontrer bien d'autres.

La mort d'Hussein-Aveni pacha tué, ainsi que je vous l'ai déjà dit par le tcherkess Hassan, laissa l'empire entre les mains de Midhat, de Ruschid et du cheïk-ul-Islam, Haïrullah. Le comte de Kératry, dans son livre sur Mourad, s'est demandé, et je me le suis demandé moi-même dans mon ouvrage, *la Turquie officielle*, quel était celui de ces triumvirs qui, le premier, pensa à frapper de déchéance le monarque qui paraissait alors incapable de remplir ses hautes fonctions. Eh bien ! depuis la publication de *la Turquie officielle* j'ai reçu des documents qui prouvent que le triumvirat ne songea d'abord pas un instant à remplacer Mourad par son frère ! Il n'arriva à cette pensée que par degrés, sous le coup des pressions exercées par les ambassadeurs, qui, tous, subissant alors l'influence néfaste de Sir Georges Elliot, croyaient aux engagements d'Abd-ul-Hamid de suivre la voie libérale et progressive ouverte à l'empire par l'avènement de Mourad. Et encore, malgré toutes ces pressions, les ministres turcs auraient-ils tenu bon et seraient-ils parvenus à sauver la Turquie des catastrophes que devait amener la guerre turco-russe, si, pendant que les discordes de la Sublime-Porte, se compliquant de la guerre avec la Serbie et le Monténégro, les ambassadeurs, se plaignant de ne pouvoir remettre leurs lettres de créance, n'avaient suggéré à Midhat la pensée *d'établir une régence de quelques mois, tant que devait durer la maladie du Sultan régnant*; maladie qui, malgré les assurances contraires de Capoleone, était considérée comme parfaitement curable par les quelques médecins au courant de la véritable situation de l'impérial malade.

Ce fut sous cette pression et sous l'influence de cette idée de régence que Midhat vint trouver Abd-ul-Hamid.

Aux premiers mots de Midhat, Abd-ul-Hamid, parfaitement informé des agissements diplomatiques par ses agents, répondit que *la régence ne s'était jamais vue dans la famille d'Osman... qu'elle devait être contraire à la loi religieuse, et qu'il ne pouvait l'accepter sous aucun prétexte, ni pour aucun motif.*

— Puisqu'il en est ainsi, seriez-vous décidé et oseriez-vous devenir Padischah du vivant de Sa Majesté ? s'écria Midhat.

Et alors, avec sa duplicité hypocrite, mêlée de finesse arménienne et juive, Abd-ul-Hamid, sachant très bien ce qui allait se faire pour neutraliser les efforts du Dr Liedersdorf en faveur de la guérison de Mourad, répondit, en levant les yeux au ciel, comme doit le faire tout bon dévot à qui l'on semble faire violence :

Oui !... s'il est bien établi que la maladie de mon frère est *incurable.*

Eh bien ! Messieurs et chers F.·., cette *incurabilité*, condition *sine qua non* de l'acceptation du rusé compère, comment a-t-elle été constatée ? C'est ce que nous allons voir :

Mandé en toute hâte, le Dr Liedersdorf arriva par la voie de Varna et fut conduit *directement* du paquebot au palais de Dolma-Baghtché, sans qu'il fût permis à personne de le voir.

Voici le moment où l'intrigue va se compliquer

et la nuit se faire plus profonde autour de la sympathique personne de Mourad.

Malgré le silence ténébreux qui enveloppait les actions du médecin viennois, on sut bientôt qu'il avait prescrit l'*hydrothérapie*, le grand air, l'exercice, les promenades sur mer, bref tous les moyens hygiéniques qu'une sage thérapeutique prescrit dans de pareils cas.

Mais ce que le public ignora toujours et ce qu'on eut soin de bien cacher aux ambassadeurs, c'est que Liedersdorf, bien loin de constater l'affection mentale de Mourad, — affection absolument incurable au dire de Capoleone, ainsi que nous l'avons déjà vu, — déclara que la névrose dont souffrait le Sultan n'était point dangereuse et qu'il se chargeait et promettait de le guérir *en moins de deux mois*, s'il s'astreignait à suivre ses prescriptions et si l'entourage, guidé par Capoleone, ne mettait pas d'obstacle à la marche du traitement.

Refléteurs de ces assurances, les journaux publièrent les nouvelles les plus rassurantes sur l'état du souverain ; et, de nouveau, la joie reparut sur tous les visages.

On reparla de la prochaine cérémonie du sacre officiel et religieux ; on en fixa même l'époque précise.

Mourad, qui, depuis quelques semaines, ne quittait le Palais que pour assister au sélamlik, recommença ses excursions journalières, tantôt à cheval, tantôt à bord du yacht impérial. Un jour le steamer le conduisait dans la mer Noire, un autre jour c'était la Marmara qui avait la préférence ; mais, dans chacune de ses promenades, Mourad, respirant l'air de la pleine mer, semblait renaître à la vie !

Pendant ce temps, les journaux demandaient, mais en vain, la publication du rapport du Dr Liedersdorf.

Les choses en étaient là, quand on apprit, presque en même temps, l'embarquement du médecin viennois pour Varna et la déchéance du sultan Mourad V.

C'est donc au moment où le peuple, croyant son Souverain sauvé, se livrait à la joie la plus vive, que le triumvirat, gagné enfin par les promesses d'Abd-ul-Hamid, faisait entourer le palais de Dolma-Baghtché de toutes les troupes alors disponibles à Constantinople et procédait à l'égard de Mourad comme il avait procédé, trois mois avant, à l'égard d'Abd-ul-Aziz.

En vérité, n'a-t-on pas le droit de s'étonner qu'un semblable déploiement de forces ait été nécesaire pour prendre un fou, puisque c'est ainsi que les plats courtisans d'Abd-ul-Hamid qualifient Mourad, et le conduire d'un palais à un autre ?

Est-ce qu'il était nécessaire d'employer vingt mille hommes pour un tel exploit ?

Dès l'aube du jeudi 1ᵉʳ septembre 1876, le rusé Abd-ul-Hamid, triomphant enfin des méfiances du triumvirat, traversait la grande rue de Galata et se rendait à la Sublime-Porte où il allait être proclamé Sultan.

Pas un vivat n'éclata sur tout le parcours du nouveau Souverain. Les visages n'exprimaient qu'une triste surprise. On sentait que tout ce peuple, que toute cette société, composée d'éléments si divers, s'unifiait dans le même sentiment de déception et de regrets !

Le rêve heureux s'effaçait devant la triste réalité. La Turquie, un moment frissonnante de vie et d'espérance, allait de nouveau, sous les griffes de velours d'Abd-ul-Hamid, retomber dans cette inertie séculaire que la doctrine du fatalisme musulman, poussée à l'extrême, a inoculée aux Orientaux. Sur le moment, nul n'osa parler pour combattre ou approuver la conduite des ministres. Les commentaires se firent en silence. Personne ne trouva le courage d'exprimer à haute voix ce que chacun pensait.

La presse du pays se montra, et pour cause, très sobre de commentaires. Mais le *Levant Herald,* ayant nommé « abdication » ce qu'un autre journal, *la Turquie,* désignait sous les noms de « déchéance » et de « déposition », la censure l'engagea à retirer ce mot « abdication » nullement justifié, lui dit-on, et accusant, en fait, les triumvirs de fraude ou de mensonges... Un fou, fut-il ajouté, ne se met pas en interdit lui-même.

Mais si c'est réellement d'un fou dont vous avez prononcé la déchéance, pourquoi, ô messieurs de la diplomatie ottomane! n'avez-vous jamais publié le rapport du médecin viennois? Pourquoi, depuis cette époque, n'avez-vous publié aucun des rapports du médecin ou des médecins chargés de soigner l'illustre malade? Pourquoi avez-vous gardé secret, pendant près de trois mois, le *fetva* du cheïk-ul-Islam, Hassan-Haïrullah, qui, après avoir autorisé le renversement d'Abd-ul-Aziz, avait également autorisé, dans les mêmes termes, toujours au nom sacré de la religion, la déposition de Mourad ?

Si ce *fetva* est authentique, c'est-à-dire s'il a été écrit, ainsi que l'exige la loi, avant le détrônement de Mourad, pourquoi ne l'avez-vous publié, après tant de retard, que sous la pression révolutionnaire des ulémas ?

Pourquoi le traitement de Liedersdorf n'a-t-il pas été continué ? Pourquoi, après son départ, le malade est-il retombé entre les mains incapables de Capoleone. Comment, vous vous trouvez en présence de deux médecins : l'un, vous affirmant que Mourad n'est pas fou, qu'il n'est que névrosé ; l'autre, déclarant l'état irrémédiable et fixant, à une courte échéance, l'agonie et la mort du malade ; et, dans ces conditions, vous n'hésitez pas ? Vous donnez la préférence à Capoleone ; vous placez le médicastre sans valeur, sans science, au-dessus du célèbre aliéniste autrichien ? Allons donc ! quand on voit de semblables choses, ce n'est plus à la bêtise humaine qu'il faut s'en prendre, mais bien à la friponnerie des gens.

Plus énergiquement que moi, mes F.·., le temps a dévoilé tout ce qu'il y a eu d'abominations dans cette comédie jouée à l'instigation d'Abd-ul-Hamid et de ses partisans ; voici, en effet, plus de quinze ans que Capoleone a condamné son auguste malade comme atteint d'un ramollissement du cerveau, et notre F.·. est encore vivant, malheureux, oh ! très malheureux, je vous l'assure ! mais jouissant de toutes ses facultés.

Réellement, quand on est initié, comme je le suis, à tout ce qu'il y a eu d'infâme et d'astucieux, dans la navrante comédie qui s'est déroulée en Turquie à cette époque, et qui se continue sous les yeux de l'Europe, grâce aux nombreux articles d'une presse complaisante, toujours prête à s'aplatir devant le Veau d'or, on se demande, avec terreur, s'il existe une Providence, et si l'humanité n'est pas, définitivement, vouée au règne des fourbes, des menteurs, des intrigants et des sectaires?

Mais passons, car l'indignation me ferait révéler des choses que je ne puis ni ne veux encore dire.

Reprenons le récit des événements où je viens de les laisser :

Voici donc notre F.·. Mourad détrôné, déclaré fou ; et son frère, Abd-ul-Hamid, parvenu à son but, c'est-à-dire à la suprême magistrature ottomane, Chef des croyants, Ombre vivante de Dieu sur la terre !

Voyons maintenant, mais rapidement, *grosso modo*, quelle a été la conduite du nouveau Sultan à l'égard de son prédécesseur et des hommes qui, dupes de ses promesses et de ses engagements, l'élevèrent jusqu'au trône ottoman.

Je ne veux pas répéter ce que j'ai écrit dans mes deux volumes : *la Turquie officielle et les Bas-fonds de Constantinople*, le premier, publié, il y a un an, par l'ancienne maison Quantin, le second, nouvellement édité par la maison Tresse et Stock ; mais je me dois de renvoyer à la lecture de ces deux volumes ceux de nos F.˙. désireux de s'initier complètement aux mystères de la politique et des mœurs turques. Ils y trouveront, largement, de quoi combler les lacunes inhérentes au sujet, si complexe, que j'ai l'honneur de traiter ici, dans le *Temple de l'Honneur et de l'Union.*

Emporté par les événements extérieurs et les troubles profonds qui déjà déchiraient les Balkans, le nouveau Sultan sembla d'abord vouloir ne pas s'écarter de la politique libérale de son frère, et se contenter d'appeler à lui les créatures dévouées dont il savait n'avoir à redouter ni l'intelligence, ni le libéralisme, ni surtout l'esprit d'opposition.

Avant d'agir contre les hommes qui l'avaient porté au pouvoir, Abd-ul-Hamid voulut consolider sa propre puissance en accaparant, à son profit personnel, toutes les richesses de l'Empire et tous les revenus qui, jusqu'à lui, avaient servi à faire face aux besoins de l'administration de la Sublime-Porte.

Ce fut ainsi que, contrairement aux lois de l'équité, il s'empara de tout l'actif de son frère, sans vouloir entendre parler des dettes que ce dernier avait contractées à son avènement au pouvoir, à l'égard de deux des principales maisons de Péra. Il est vrai que ces maisons étaient françaises !

J'ai donné à ce sujet les détails les plus typiques dans ma *Turquie officielle*.

Pour mieux faire croire à son désintéressement et à son esprit de bienveillance, Abd-ul-Hamid mit une partie du palais de Tchéragan, celui même où fut assassiné Abd-ul-Aziz, à la disposition de son frère et de sa maison, et laissa leurs sœurs et leurs parents communiquer assez librement avec l'illustre prisonnier.

Mais, une chose que l'on ignore, dans laquelle perce admirablement la duplicité de ce Sultan, dont on nous chante à chaque instant les louanges, c'est qu'il obligea Mourad à habiter l'appartement même où Abd-ul-Aziz fut assassiné. Singulière façon, en vérité, de porter le calme dans l'esprit de l'infortuné Mourad.

Pour agir autrement, et s'assurer avec plus de force de la personne de son frère, Abd-ul-Hamid n'attendait qu'une occasion, quitte à la faire naître si elle tardait trop.

Je sais, mes F.·., que je démolis, en m'exprimant ainsi, toute une série de légendes chevaleresques dont la personnalité d'Abd-ul-Hamid a été entourée par ses flatteurs et ses courtisans ; mais j'ai pris l'engagement de vous faire connaître la véritable situation de notre frère Mourad, et, quoi qu'il puisse m'en coûter, j'irai jusqu'au bout, sans oublier, pourtant, qu'il est des points que je ne puis révéler, sans exposer les jours de ceux des amis de Mourad qui occupent encore certaines places au Palais, dans l'entourage même de son geôlier (1).

Quand je vous aurai tout dit,..... et que j'aurai fait un dernier appel à l'esprit de solidarité qui nous unit, vous agirez suivant votre conscience et suivant les devoirs qui vous sont prescrits par nos règlements.

Mais les événements allaient se précipiter, et la Russie, en imposant la guerre, allait donner carte blanche à Abd-ul-Hamid pour se débarrasser, à la queue-leu-leu, de tous les hommes qui l'avaient porté au padischalat, et dont, sachant combien il les trahissait lui-même, il avait tout à craindre.

Quant à Mourad, il profita de la tentative d'Ali-Suavi, tentative dans laquelle on est tout surpris de trouver des soldats turcs déguisés en ouvriers, ainsi que plusieurs agents de la police secrète, pour le reléguer à tout jamais dans la misérable demeure

(1) Depuis cette conférence tous ces personnages ont été envoyés en exil. Beaucoup sont morts.

en bois, appelée kiosque, et dans laquelle Mourad devait vivre désormais loin des siens, privé de ses affections les plus chères, isolé du monde entier et dans un état de misère près de laquelle celle des prisonniers d'État de la Bastille était aussi luxueuse que confortable.

Ayant ainsi donné satisfaction aux sentiments fraternels de son cœur, le noble Abd-ul-Hamid fit une telle nuit autour de Malta-Kiosque, qu'aujourd'hui encore, les soldats qui ont la charge de garder Mourad, ignorent complètement quel est le personnage qui se trouve dans la misérable demeure dont ils ont ordre de ne laisser approcher personne, sous peine de mort.

Vous voyez, mes F.˙., qu'il y a loin de ce misérable séjour à ce soi-disant palais, où l'on prétend que Mourad passe des jours heureux, entouré de tous les soins qu'exige son état.

Des soins ? Mais le malheureux n'en a aucun ; et, à part l'officier chargé de le visiter une fois par mois, personne, vous m'entendez bien, personne, ni médecins, ni prêtres, ni femmes, ni parents, ni même serviteurs, ne pénètre auprès de lui.

On m'a dit souvent qu'en faisant connaître la véritable situation de Mourad et son lieu de détention, je l'exposais à une fin tragique. Eh bien ! je suis, de ce côté, entièrement rassuré, car Abd-ul-Hamid sait que sa vie tient à celle de son frère.

Vous savez quel fut le résultat désastreux de la guerre turco-russe, mais ce que vous ignorez certainement, c'est que cette guerre a détruit à tout jamais la marine ottomane et cet armement formidable dans lequel le gouvernement d'Abd-ul-Aziz avait englouti tant de millions !

De la flotte de premier ordre qui existait à l'avènement d'Abd-ul-Hamid, il ne reste que deux navires capables de prendre la mer ; quant à l'armée même, elle se réduit, ou à peu près, aux beaux régiments qui sont à Constantinople et au corps d'armée d'Andrinople. En l'état actuel du Trésor, il serait impossible au gouvernement turc de faire transporter une armée de 25.000 hommes dans une de ses possessions méditerranéennes, sans avoir recours à des emprunts et aux marines étrangères.

Quant à l'état financier, il est pire que jamais, et l'on peut dire qu'il n'existe en Turquie qu'un seul Ottoman qui soit riche. Cet Ottoman, c'est Abd-ul-Hamid; Abd-ul-Hamid qui, sachant très bien le prix des consciences humaines de ses sujets, s'est dit qu'il lui fallait, avant tout, pour assurer son règne, payer ses créatures et organiser la police secrète la plus formidable du monde, réunir entre ses mains impitoyables toute la malheureuse fortune de la Turquie.

Mme Adam a dit excellemment, dans une de ses lettres sur la politique extérieure : « Il est prouvé aujourd'hui que le sultan Abd-ul-Hamid est plus indulgent au couteau d'un assassin qu'à la plume d'un écrivain, qu'il est doux à qui ordonne le viol, le meurtre, le pillage, et cruel à celui qui exerce la profession enseignante. »

Mme Adam aurait pu ajouter que ce Souverain, indulgent au couteau d'un assassin, au vol, au gaspillage et aux prévarications des hommes de son entourage, s'est montré également impitoyable pour tous les hommes intelligents dont il s'imaginait avoir quelque chose à craindre. En quelques années de règne, il a trouvé moyen d'éloigner, d'exiler et de faire disparaître, non seulement tous les personnages qui avaient fait partie de l'entourage de Mourad, mais tous ceux qui avaient eu des relations avec lui. L'exil, la prison et la mort ont accompagné l'affermissement de sa situation à Yildiz. Ceux qu'il ne peut faire condamner par ses tribunaux, il les envoie au loin, en leur confiant des postes d'où ils ne doivent plus revenir. Les uns, comme Sâdoullah pacha, las de souffrir, se suicident ; les autres, comme Suleyman pacha, attendent, dans leur exil, ou la mort ou la fin d'un règne qui n'a pour se soutenir que ses nombreux espions et la corruption dont il a fait, si heureusement pour lui, une puissance gouvernementale.

Mais cet homme, ce Sultan, dont le *Figaro* et d'autres journaux n'hésitent pas à faire un Souverain éclairé, travailleur, intelligent, honnête et miséricordieux, a fait plus que de se débarrasser de tous les hommes lui portant ombrage ; il a poussé le cynisme et l'audace, lui, qui, en seize années de règne, a perdu le Monténégro, la banlieue de Spizza, incorporée à l'Autriche, la Serbie, la Roumanie et la Droboudja, une partie de la Thessalie et de l'Epire, la Bosnie et l'Herzégovine, la Bulgarie et la Roumélie orientale, l'Égypte, le Soudan et la Tunisie, la ville et le territoire de Massouah, les villes de Kars, Batoum et Ardaham, le territoire et la ville de Cohotour, adjugés à la Perse, et tout dernièrement enfin, pour reconnaître les bons offices de l'Angleterre et tenir ses engagements passés, l'île de Chypre, cet homme, ce mauvais génie de la Turquie, a poussé l'audace, lui, qui, volontairement, est prisonnier dans sa forteresse d'Yildiz, qui ne rêve que conspirations et assassinats, qui ne s'est jamais montré à cheval à son peuple, qui a exagéré la prudence au point de faire construire à la porte même de son palais-forteresse d'Yildiz la mosquée où il doit se rendre tous les vendredis, cet homme, ce trembleur par excellence, s'est fait décerner deux fois le titre de VICTORIEUX..... après l'avoir décerné une fois à ses deux maréchaux : Osman pacha et Moukhtar pacha.

Mais je sens que j'abuserais de votre complaisance, si je continuais plus longtemps à retenir votre attention sur un tel sujet.

Je termine donc. Mais, avant, laissez-moi faire un dernier appel à toute votre sympathie et à tous les nobles sentiments de votre cœur.

On vous dira, en réponse à cette conférence, que Mourad est fou et incapable de régner. J'affirme le contraire, et je déclare hautement que, le plus fou des deux frères, n'est pas celui qui est prisonnier ! Mais, voulez-vous qu'il n'en soit pas ainsi, voulez-vous que Mourad soit fou et que son frère, en lui faisant grâce de la vie, se soit montré le plus magnanime des Empereurs ottomans ?

Voulez-vous que tous les faits historiques que j'ai eu l'honneur de vous citer soient du pur roman ?

Voulez-vous admettre l'impossible et la *non-mort* de tous les anciens ministres et amis de Mourad ?

Eh bien ! je vous accorderai tout cela, et je ne

vous en dirai pas moins, avec plus d'énergie encore : Mes F.·., un des nôtres est malheureux ; il est prisonnier, il est malade ; il manque de tout, de soins médicaux et affectueux ; sa vie est un martyre de chaque jour. Il a encore, plus que d'autres frères, droit à notre aide et à nos secours, car il nous a donné plus qu'aucun autre frère, le jour où il est venu à nous.

Nos frères de Constantinople ont tellement bien compris la lourde responsabilité qui nous incombe, qu'ils ont commencé, à une certaine époque, des démarches pour savoir qu'elle était exactement la situation de Mourad. Ces démarches, après avoir jeté le désarroi dans le Palais, se sont brusquement arrêtées, sans que l'on sache pourquoi. Ce pourquoi, je pourrais peut-être vous le dire, mais je crois plus sage et plus digne de m'en référer tout simplement au récit que m'en a fait le général Ahmed-Djellaledin, alors simple colonel, directeur du cabinet particulier et secret d'Abd-ul-Hamid, et que j'ai raconté tout au long dans mon volume, *la Turquie officielle.*

Encore un mot et j'ai fini.

Ce n'est pas de la politique que je viens faire ici, et encore bien moins de la propagande en faveur de je ne sais quelle nation, ainsi que des imbéciles ou des hommes de mauvaise foi pourront vous le dire. Je ne viens, pas davantage, chercher à nuire à notre fameuse diplomatie actuelle, dont le mot d'ordre se résume dans une phrase : « Ne pas se faire d'affaires et, pour cela, s'aplatir, courtoisement, devant n'importe quel despote ou n'importe quel homme politique étranger » ! En vous entretenant comme je viens de le faire, je n'ai eu qu'un but : celui de tenir ma promesse en vous faisant connaître la véritable situation d'un frère qui, par ma voix, vous demande aide, secours et justice !

Lui accorderez-vous ce qu'il vous demande ? Vous n'avez pas le droit de me dire non, et vous n'avez pas davantage le droit de ne pas nommer une commission munie du mandat d'aller à Constantinople, s'enquérir de la véritable situation de notre frère.

Mais, quoi que vous décidiez, hâtez-vous si vous ne voulez pas que l'indignation publique fasse justice du persécuteur de Mourad V.

. . . .

. . . .

———————

Sur la demande de quelques F.·., le conférencier a communiqué les deux photographies originales des sultans Mourad et Abd-ul-Hamid, et a raconté ce fait particulier, des plus curieux :

De même qu'Abd-ul-Hamid, une fois au pouvoir, s'est empressé de faire détruire les exemplaires de la Charte de 1876, de même, craignant *l'envoûtement et les maléfices*, il a fait retirer de la circulation toutes les photographies qu'il avait distribuées étant prince. Fanatique et superstitieux comme tous les dévots, il a depuis refusé énergiquement de se faire photographier, ce qui fait que, en réalité, je suis peut-être seul au monde à posséder une photographie représentant Abd-ul-Hamid tel qu'il est actuellement.

Cette photographie, a ajouté le conférencier, regardez-la bien et comparez-la à celle de Mourad : elles vous diront mieux que je ne saurais le faire, la différence des âmes qui animent ces deux types, si complètement opposés ; elles vous montreront également quelle est la différence qui existe entre le véritable type turc et le type judaïco-arménien, dont Abd-ul-Hamid est un spécimen des plus remarquables, physiquement et moralement parlant (1).

.   .   .   .

(1). — *Tous les Membres de la* L∴. LE TEMPLE DE L'HONNEUR ET DE L'UNION *ont* voté à l'unanimité, *en séance* solennelle, sur la proposition du Vén∴., *que la Conférence du*

Depuis l'époque de cette conférence le gâchis dans lequel se débat la Turquie n'a fait que s'accentuer. Abd-ul-Hamid, de plus en plus sous la terrible névrose qui tient tout son être entre ses griffes, s'est plongé dans un tel dédale de crimes et d'actes arbitraires, qu'il en a marqué son règne d'un sceau ineffaçable.

Pour se garantir des ennemis issus de ses exactions, il s'est affolé au point de rendre son gouvernement impossible par l'abus qu'il a fait de l'espionnage.

Les derniers événements, en désorganisant l'armée et en la privant de ses chefs aimés, ont soulevé un tel mécontement, un tel mépris, des haines si profondes, qu'il est probable qu'en agissant ainsi, Abd-ul-Hamid a préparé, de ses propres mains, l'instrument qui, comme au temps des janissaires, se tournera contre sa puissance et, dans un instant de sanglante colère, déchaînera la tempête destinée à balayer les habitants d'Yildiz dans la nuit des temps.

F.·. Desjardin de Régla serait imprimée aux frais du Trésor et adressée à toutes les loges de l'obédience du Grand Orient de France *et aux principales loges des Orients de l'Europe et de l'Asie.*

C'est l'envoi de cette conférence qui a réveillé le parti de *la Jeune Turquie* et a amené la fusion des libéraux ottomans.

Soulever le mécontentement des softas, des bourgeois et du peuple, c'était beaucoup, mais c'était en réalité peu de chose à côté de ce qu'ont produit les dernières mesures arbitraires des Yildiziens contre l'armée.

En voulant trop sauvegarder ses intérêts personnels et sa maladive personne, le Sultan rouge a fait déborder la coupe de la patience, plus qu'évangélique, de ses sujets.

Prenez garde, ô Roi des Rois, ô Ombre de Dieu sur la terre ! à l'esprit de haine et de vengeance qu'ont provoqué les arrestations du maréchal Fouad pacha et de vos meilleurs généraux !

Pendant qu'Abd-ul-Hamid cède ainsi de plus en plus au *délire de la persécution*, Mourad, seul et véritable Sultan des Ottomans, attend patiemment dans sa prison l'heure de la délivrance et, plus lucide et plus patriote que jamais, pleure des larmes amères sur le malheur qui, comme un pressoir, mû par une force brutale et inconsciente, broie impitoyablement toutes les qualités et les vertus du peuple Ottoman !

Aux douleurs que lui impriment les événements publics, viennent se joindre celles qui touchent à ses sentiments d'époux et de père.

Ses enfants lui sont enlevés par celui qui occupe

sa place, et il vient de voir sa fille bien-aimée jetée en pâture dans les bras d'un courtisan Yildizien.

Beau mariage en vérité, que celui qui vient d'être célébré par l'ordre formel du blême et sanglant Sultan d'Yildiz.

La détention de Mourad, rendue définitive après le *fetva* que fut forcé de prononcer le cheïkh-ul-Islam qui avait si gaillardement prononcé celui ayant trait à la déchéance d'Abd-ul-Aziz, sa détention, disons-nous, est devenue plus sévère que jamais.

Sa prison ne communique avec l'air extérieur que par une ouverture pratiquée sur le toit; et la porte de ladite prison ne s'ouvre que pour laisser passer l'esclave qui apporte les vivres de l'illustre prisonnier.

Les promenades qu'il pouvait faire anciennement dans un petit jardin ont été interdites.

Du côté du Bosphore les bateliers passent au large ; du côté de la terre, ce sont les voitures et les tramways qui circulent de même.

Un turc, d'une érudition remarquable, a reproduit dans le *Libéral ottoman* l'anecdote que nous donnons ci-après, telle qu'elle nous a été confirmée lors de notre dernier séjour à Constantinople:

« Un jour, une réparation étant devenue tout

fait nécessaire à la serrure de la chambre du sultan Mourad V, un serrurier fut mandé et introduit avec toutes sortes de mystères. Pendant tout le temps qu'il travailla à la réparation de la serrure, Hadji-Passan pacha (gardien du prisonnier) et ses aides tenaient un rideau très épais, séparant l'ouvrier de Mourad V.

« Il entendit des gémissements de l'autre côté du rideau, ce fut son malheur, car il ne reparut pas à sa boutique. »

« Hadji-Hassan pacha est le bourreau de Suavi qui tenta de détrôner Abd-ul-Hamid au bénéfice de Mourad V. On comprend pourquoi il est l'homme de confiance du Maître auprès de son frère. Hadji-Hassan pacha ne le cède en rien à son maître pour le vice et le crime ; les deux font la paire. Quand ce garde-chiourme est de mauvaise humeur, c'est sur la personne du Vrai Khalife qu'il se détend les nerfs. Des *témoins oculaires* l'ont vu gifler le prisonnier à maintes reprises. »

« Pour donner un semblant d'égard envers Mourad V, on a installé au château quelques jeunes esclaves circassiennes qui, en apparence, semblent lui être destinées, mais en réalité, sont à la disposition d'Hadji-Hassan pacha. Vierges, c'est lui qui les a souillées, et mes renseignements me

permettent de dire qu'elles n'ont jamais vu
Mourad V. L'eunuque préposé à leur garde, ignorant
beaucoup des choses qui se passaient au château,
eut à la fois le courage et la mauvaise idée d'a-
dresser une supplique à Abd-ul-Hamid, demandant
de l'exiler à la Mecque. Le pauvre homme était
témoin de tant d'horreurs qu'il crut qu'il devait
lui-même en faire pénitence. Le Maître lui fit
demander des explications. Il répondit simplement
qu'après soixante années de services auprès de différents maîtres, il ne pouvait supporter de voir
Hadji-Hassan pacha violer les femmes qu'il croyait
devoir appartenir à Mourad V. »

« Comme le serrurier, il disparut ; son âme, si elle
connaissait le chemin de la Mecque, a dû y aller
seule. En un mot, tous ceux qui, souvent malgré
eux, voient ou entendent quelque chose au château
sont supprimés. Un autre fait qui montrera combien le Sultan malade craint que son frère n'échappe
à sa férocité morbide : »

« Dernièrement un esclave du château où est
enfermé Mourad V mourait. Abd-ul-Hamid craignant que le corps du prisonnier fût substitué à celui
du défunt, exigea que le cadavre de ce dernier fût
apporté devant lui ; il lui fit faire les ablutions
suivant le rite de la religion musulmane et c'est

devant lui qu'il fut scellé dans le cercueil. »

« Le fils et la fille de Mourad V sont également enfermés. Ils sont sans doute atteints de la même maladie incurable dont souffre leur père, c'est-à-dire que, comme lui, ils rêvent de Liberté et de Justice. »

.   .   .   .

Le Comité central libéral Ottoman, s'inspirant de nos travaux, a adressé, au commencement de l'année 1901, en date de Constantinople, la lettre qui suit à la *Ligue des Droits de L'Homme*.

Constantinople, le 5/18 mars 1901.

A Monsieur Trarieux, président de la Ligue des Droits de l'Homme.

« Monsieur le président,

« Le Comité Libéral Ottoman de Constantinople a l'honneur de s'adresser à la « Ligue des Droits de l'Homme et du Citoyen » pour faire entendre une protestation contre la plus monstrueuse iniquité dont jamais homme ait eu à souffrir, et pour solliciter son appui à une œuvre de propagande dans l'univers civilisé en vue de voir mettre un terme au martyre le plus douloureux que l'histoire ait jamais enregistré. Voilà un quart de siècle que le Sultan Mourad V est emprisonné dans le palais de Tchéragan, sous prétexte de folie. C'est dans les conditions les plus barbares que cette séquestration s'effectue. L'illustre prisonnier n'a pu, en dehors de ses geôliers, voir visage humain au cours de vingt-cinq ans, entendre une parole amie, voir l'écriture de personnes qui lui sont chères, mettre sous ses yeux un livre, un journal, sortir de ses appartements, se promener dans le parc de son habitation ; tenu dans l'ignorance absolue du monde extérieur, c'est vivant qu'il reste enseveli dans le tombeau du grand Palais. Les droits du souverain uniquement déposé nous ne les poursuivons pas actuellement, nous ne venons pas faire une démarche politique ; ce sont les droits imprescriptibles de l'homme né libre que nous venons défendre à votre barre et placer sous la sauvegarde de votre puissante autorité.

« Si réellement Mourad V est malade, nous demandons pour lui le traitement que la science du siècle prescrit à son cas, mais aussi sa liberté pure et simple, si une consultation médicale honnête démontre l'inexistence d'un esprit troublé.

« En ce siècle, où les plus humbles ont droit à aspirer à l'égalité, il serait vraiment déconcertant que le fait d'être né sur les marches du trône soit un motif de privation de droits que la simple qualité d'homme confère.

« Nous croyons que la « Ligue des Droits de l'Homme et du Citoyen » est tout particulièrement désignée pour prendre pareille cause en mains et diriger ce mouvement humanitaire en faveur d'une si grande infortune. Quand il s'agit d'une œuvre de justice, votre « Ligue » ignore toute distinction de race, de condition sociale, sa devise même place les droits de l'homme avant ceux du citoyen ; aussi avons-nous pleine confiance que notre appel sera entendu et que vous apprécierez avec nous l'immensité de l'infortune du plus malheureux des hommes, qui endure dans sa prison un martyre plus cruel peut-être que toutes les souffrances d'une victime de l'île du Diable. »

Tout en ne partageant pas l'opinion des membres du Comité libéral ottoman de Constantinople sur les souffrances « d'une victime de l'île du Diable, » nous avons tenu à reproduire cette lettre telle qu'elle est, sans en rien modifier.

Le Président de la Ligue *des Droits de l'Homme*, répondit ainsi qu'il suit :

Paris, le 24 avril 1901.

A Messieurs les membres du Comité Central Libéral ottoman.

Messieurs,

« Les préoccupations dont vous nous faites part et la demande qu'elles vous ont inspirée nous paraissent des plus légitimes. Il nous semble indispensable que votre gouvernement s'en émeuve et qu'il vous renseigne sur les questions que vous posez.

« Oui, vous avez le droit de savoir ce qu'est devenu le Sultan Mourad V, dont l'internement mystérieux, depuis vingt-cinq années, au château de Tchéragan, autorise les plus graves soupçons.

« Ainsi, que vous l'indiquez avec raison, il est temps qu'on explique ce qu'on fait de ce malheureux prince. Si c'est comme on l'a prétendu, une cause sérieuse de maladie qui ne permet pas de lui ouvrir les portes de sa prison, il doit être entouré des soins éclairés de la science. Si sa santé n'est qu'un prétexte à la prolongation de sa captivité, il doit être mis en liberté.

« Princes ou simples particuliers ont droit à une égale justice.

« Notre histoire nous rappelle aussi des séquestrations arbitraires : le Masque de fer, sous Louis XIV ; Latude, sous la Pompadour. Il nous a fallu détruire la Bastille pour arriver à la proclamation des Droits de l'Homme.

« Les bastilles qui vous enserrent permettront-elles à notre faible voix de parvenir jusqu'à votre souverain ? Nous ne pouvons guère en avoir l'espoir ; mais que nos protestations retentissent alors dans le cœur des peuples. C'est à eux, quand l'heure est venue, de faire parler l'humanité.

« Croyez à nos sentiments de cordiale sympathie.
« *Le président de la Ligue des Droits de l'Homme*,
« L. TRARIEUX. »

Cette réponse fut reproduite par deux ou trois journaux parisiens... et les choses en restèrent-là.

Pour qu'il n'en fût pas ainsi, il aurait fallu que le *Comité libéral ottoman* pût disposer de plusieurs millions, soit pour subventionner une partie de la Presse européenne, soit pour rémunérer le talent des *leaders* des ligues qui se seraient constituées en faveur du pauvre sultan Mourad.

Quel enthousiasme pour *les droits de l'homme et du citoyen*, on aurait vu alors surgir de toutes parts !

Mourad fût devenu, d'un seul coup, la plus

grande, la plus noble, la plus chevaleresque, la plus infortunée victime des temps passés et présents.

Mais le Comité libéral ottoman n'étant pas riche, et son appel à la conscience des individus ne remplissant pas leurs bourses, force lui fut de se contenter de la réponse du sénateur J. Trarieux.

C'est pourtant depuis l'intervention des « droits de l'homme et du citoyen » que le sultan d'Yildiz a fait répandre, par son entourage la ridicule version de ses longs entretiens avec Mourad, qu'il aurait fait venir plusieurs fois dans son Palais.

Mais alors, de votre avis même, Mourad n'est donc plus fou, cher Sultan Rouge ?

Et, s'il en est ainsi, que faites-vous du trône que vous deviez lui rendre, s'il recouvrait la santé ?

Espérons que, malgré le platonisme forcé de l'action des « droits de l'homme » ; l'indifférence des jouisseurs modernes pour tout ce qui souffre et est malheureux, espérons que la justice immanente, dont parlait Gambetta, se manifestera prochainement en faveur du véritable Sultan des Ottomans :

Mourad V, le bien-aimé !

ÉPILOGUE

LA QUESTION D'ORIENT

—

La fin d'un règne. — Le présent et l'avenir de l'Empire Ottoman. — La Confédération balkanique. — La vie par les réformes, ou la mort par le *statu quo*.

Il n'est pas besoin d'être prophète pour prédire la fin prochaine du Sultan lypémane qui, depuis plus d'un quart de siècle, préside, si lugubrement, à l'émiettement de l'Empire ottoman.

Tout annonce, en effet, que nous touchons au terme de ce règne néfaste.

La fin viendra-t-elle par l'aggravation de la maladie mentale et nerveuse d'Abd-ul-Hamid, ou par l'éclosion brutale d'un mécontentement trop longtemps contenu ?

Les deux solutions sont possibles et admissibles ;

mais si c'est par la révolte que ce règne doit finir, cette révolte ne peut être que militaire ou, plutôt soldatesque, analogue aux terribles agissements de la fameuse milice des Janissaires.

Les softas et ulémas ne peuvent plus aujourd'hui provoquer les soulèvements des temps passés ; quant au peuple, il a toujours été trop soumis à ses Sultans pour ne pas former une quantité des plus négligeables.

Les conspirateurs, isolés ou par groupes, sont également impuissants.

Le Sultan rouge est trop bien gardé par ses créatures, qui, en le gardant, gardent également et surtout leur situation et *leur assiette au beurre*, pour que des conjurés, alors même qu'ils trouveraient le moyen de ne pas être trahis, puissent s'approcher de lui et commettre leur attentat.

Quant aux femmes, elles redoutent trop leur Maître ; elles sont trop jalouses les unes des autres, trop attachées à leur situation et à leur bien-être ; elles se savent trop espionnées et ont trop de tragédies dans leur mémoire, pour oser attenter à l'existence de leur Seigneur.

Nous savons que l'amour, encore plus puissant chez elles que chez les occidentales, pourrait les porter à la pire des extrémités ; mais, Abd-ul-

Hamid, en réprimant les désordres de son harem, en y introduisant une sévère étiquette et un plus sévère espionnage, a paralysé les exploits dont Cupidon est coutumier. Le dieu malin ne peut pas plus pénétrer dans le haremlik impérial que ne pourrait le faire un simple étranger.

Grâce à la division, à la haine et à l'espionnage mutuel, si soigneusement entretenus par leur Maître, les mécontents ne peuvent se réunir pour conspirer, quel que soit leur sexe, sans être trahis et immédiatement dénoncés.

Quelles sont, du reste, les conspirations qui ont réussi dans l'Histoire moderne des monarchies, des empires et des républiques ?

Les isolés, les concentrés, les accumulateurs en leur cerveau des haines populaires, les malheureux suggestionnés par l'ivresse astrale arrivent seuls à réaliser leur but..... et à tuer !

Mais ce qui est possible pour eux dans les pays occidentaux et américains, où les chefs d'Etat sortent tous les jours, et, malgré leur police, sont aussi accessibles à la réception d'un placet qu'à celle d'une balle ou d'un coup de poignard, devient absolument impossible dans un pays dont le Souverain évite la foule, comme les poltrons évitent le choléra ou la peste.

Ce n'est donc, comme nous l'avons dit plus haut, que par une révolte presque spontanée de la soldatesque, qu'Abd-ul-Hamid peut-être précipité de son trône avant l'heure sonnée par la maladie et la vieillesse anticipées.

Reconnaissons pourtant que, si les lypémanes peuvent vivre longtemps, il n'en est pas de même du Souverain dont chaque heure de la vie provoque l'angoisse déséquilibrante du cœur.

Quoi qu'il en soit de ces considérations ; que la révolte l'emporte sur la fin naturelle, ou que celle-ci, précipitée par les violentes émotions, avance l'heure marquée par les Parques, ce qui paraît indiscutable, c'est la fin très prochaine du despote à qui les habitants de Constantinople doivent la chair savoureuse et abondante des poissons du Bosphore, nourris, comme les murènes des viviers des gourmets romains, avec la chair des esclaves, des mécontents et des conspirateurs, plus ou moins authentiques.

Des titres qu'Abd-ul-Hamid s'est acquis, des adjectifs « blême, rouge et sanglant » qui, aux yeux des Européens, remplacent celui de *victorieux*, qu'il s'est octroyé, quel est celui que lui conservera l'Histoire ?

Nous pensons que, de même qu'un de ses ancêtres fut surnommé « l'ivrogne », il sera, lui, le Sultan de la décadence, le Chef d'un Empire qu'il reçut encore vaste et puissant de son malheureux prédécesseur, nous pensons qu'il sera surnommé : *Abd-ul-Hamid, Khan II, le sanglant lypémane !*

Ce qui est certain, c'est que jamais règne n'aura été plus néfaste à une nation que le sien ! Et non seulement ce règne aura été comme le glas lugubre qui sonne les premières heures de la ruine d'un empire, mais il n'aura même pas eu ces quelques rayons de gloire qui illuminent le soir des plus tristes règnes enregistrés par l'Histoire des peuples destinés à disparaître de la carte des nations libres et indépendantes !

En disparaissant de la scène du Monde, Abd-ul-Hamid laissera son empire dans la situation la plus épouvantable !

Non seulement il laissera une Turquie désorganisée, amoindrie des trois quarts par la perte successive de ses provinces danubiennes, balkaniques et asiatiques, mais il la laissera ruinée, déconsidérée, sans flotte, sans armée sérieuse; gangrénée jusqu'aux os.

Et il la laissera ainsi, après l'avoir reçue encore forte, encore sous l'influence des succès militaires du règne de son père, avec la flotte importante créée par Abd-ul-Aziz à coups de millions, et une armée considérable, ayant à sa tête de véritables hommes de guerre.

De ce legs, puissant en territoire, en hommes, en navires, en villes importantes, en provinces riches et fertiles, il ne restera qu'un pénible et douloureux souvenir !

Vingt-six années de ce règne nauséabond auront suffi pour perdre tout cet héritage !

Quand on songe à tout cela ; quand on voit ce que cet homme a fait de l'Empire d'Abd-ul-Medjid, son père, et d'Abd-ul-Aziz, son oncle, on comprend le mépris exprimé par un vieux turc, s'écriant, dans un moment de colère patriotique :

— Ce n'est pas le *Sultan rouge* que nous avons, c'est le SULTAN DE LA HONTE ET DE LA MALÉDICTION !

Si un jour la postérité demandait ce qu'a fait ce Souverain pour la gloire et la prospérité de son peuple, l'histoire lui répondra :

— Il a fait Yildiz !

Yildiz ! le tonneau des Danaïdes où se sont englouties toutes les richesses du pays en vue de la sauvegarde de son triste Souverain.

Et l'histoire répondra encore :

Pour se maintenir à Yildiz, il a fait de Constantinople le pays de l'espionnage ! Et cette pratique honteuse, il l'a portée à la hauteur de la plus grandiose et de la plus épouvantable des institutions.

Que nos lecteurs ne s'imaginent pas qu'en nous exprimant ainsi nous soyons l'avocat du parti pris et de la calomnie :

En disant qu'Abd-ul-Hamid sera le *maudit* de sa race, comme Sélim II en a été l'*ivrogne*, nous ne sommes que le Verbe fouailleur des Turcs qui, dans leur amour de la patrie, de son passé, si glorieux, n'hésitent pas à appeler l'auteur de leurs maux :

Le Sultan maudit !

Et pour répondre aux accusations calomnieuses, dont nous pourrions encore une fois être victimes, nous en appellerons au jugement du *Times*.

Le grand journal anglais a, en effet, publié un article très documenté sur le rôle néfaste du Palais; reproduit par quelques journaux comme une nouvelle..... inédite, cet article, nous le reproduisons à notre tour. Nos lecteurs verront par là qu'il ne fait que répéter ce que nous n'avons cessé de dire depuis treize ans :

« Depuis quelque temps la situation du pays est devenue de plus en plus critique. Nous voyons partout des symptômes de cette paralysie générale qui s'étend à tout l'Empire.

« L'anarchie règne en Macédoine, en Albanie, dans l'Anatolie orientale et l'Yemen, mais le monde officiel en est à un tel point de corruption que les fonctionnaires ne parlent de ce qui se passe que sur le ton le plus optimiste.

« Le régime le veut ainsi, et comme il a détruit dans l'administration tout sentiment de dignité et d'honneur, il obtient ce qu'il veut. On met avant tout son intérêt personnel. Le Sultan, qui n'a cure de son peuple, encourage cet avilissement qu'il exige de ses serviteurs. Le Palais règne en toutes choses et le Sultan ne peut souffrir un caractère indépendant. Aussi, pas un ministre n'ose prendre la moindre initiative. Il s'ensuit qu'il n'y a plus ombre de patriotisme, et, comme perspective, pas de remède, ou de tels maux qu'on préfère n'y pas penser.

« Du plus grand au plus petit, tous les fonctionnaires savent fort bien que leur pays court à la ruine, mais comme ils sentent qu'ils ne peuvent rien, leur seule préoccupation est de mettre de côté autant d'argent qu'il peuvent pour s'assurer l'indépendance matérielle au jour de la débâcle.

« Les qualités du bon espion sont celles qu'Abd-ul-

Hamid estime en premier lieu, chez ses « favoris », comme on les nomme. Ce mot de favori est bien mal choisi, car Abd-ul-Hamid n'aime personne, n'a confiance en personne. Il excite ces prétendus favoris à s'espionner les uns les autres.

« Il ne cherche pas, par contre, à connaître l'état du pays, et l'éclairer sur ce sujet exciterait immédiatement ses soupçons contre vous. Du corps diplomatique, il ne reçoit que les communications écrites. Ni le ministre des affaires étrangères, ni le premier secrétaire du Palais ne se risquerait à lui faire connaître les représentations qu'on peut leur faire généralement.

« Jamais Tewfik pacha n'a parlé au Sultan des remarques vigoureuses que lui ont adressées les ambassadeurs d'Autriche et de Russie, à propos de la Macédoine et de l'Anatolie orientale, quand ils lui dirent que l'anarchie de ces provinces aboutirait à la perte de l'Arménie et du Kurdistan et à la transformation de la Macédoine en Etat autonome.

« En prenant note de ces derniers faits, il faut se rappeler que cette anarchie est l'œuvre d'Abd-ul-Hamid qui la trouve favorable à sa propre sûreté. Toute union entre autres personnes est, à ses yeux, un péril auprès duquel une perte de territoire n'est rien. »

Que dire et qu'écrire après une telle constatation ?

Emise par un organe qui, souvent, s'est montré le défenseur et l'ami de la Turquie, n'est-elle pas épouvantable ?

En vérité, on ne peut que frémir quand on réfléchit à la situation qu'Abd-ul-Hamid laissera à son successeur.

Cette situation sera, en effet, des plus terrifiantes.

Non seulement il lui laissera un Etat entamé sur toutes ses nouvelles frontières, incapable de lutter contre les petites puissances qui l'entourent, et dont il était le suzerain il y a vingt ans, mais il lui laissera un peuple dont la partie dirigeante a été gangrenée jusqu'à la moëlle des os.

Il lui laissera peut-être des canons et des armes modernes; mais pour les alimenter et les mettre en action, il n'y aura qu'un trésor vide et des ressources pressurées à la plus haute tension.

Dans ces conditions, quel sera le sort de la Turquie, et quelle sera l'œuvre immense que le nouveau Sultan aura à accomplir s'il ne veut pas être le dernier Souverain des Ottomans ?

C'est ce que nous allons examiner :

Nous avons démontré dans la *Turquie officielle* que les événements qui suivirent la guerre de Crimée et le traité de Paris avaient profondément modifié le but primitif de l'ambition moscovite.

Paralysée dans sa marche sur Constantinople, n'ayant plus la domination navale de la Mer noire, la Russie avait dû se porter plus au Sud, et, de conquêtes en conquêtes, pousser ses avant-postes jusqu'aux frontières de l'Afghanistan, c'est-à-dire à deux pas de ces Indes anglaises qu'elle envahira tôt ou tard.

Dans ces conditions, le but des ambitions russes s'étant reculé de jour en jour, la possession de Constantinople n'a plus pour elle l'importance qu'elle possédait au début du siècle dernier.

La dernière guerre russo-turque, malgré ses succès, n'a pas sensiblement modifié la situation du vainqueur à l'égard du vaincu ; et nous pensons que la possession de Constantinople serait pour la Russie une épine dont elle se débarrasserait difficilement et qui nuirait, très sensiblement, à sa marche en avant dans l'Extrême-Orient.

Plus que tout autre puissance européenne, la Russie est intéressée aujourd'hui au maintien de l'Empire ottoman, soit que cet empire appartienne aux Turcs, soit qu'il appartienne, dans sa partie européenne, à un des nouveaux États balkaniques, à la Bulgarie, par exemple ; ce qui se produirait, fatalement, si le nouveau Sultan, continuant les errements fâcheux d'Abd-ul-Hamid, n'introduisait pas dans son pays les réformes sans lesquelles il ne peut continuer à exister.

Nous disons que la Russie est, plus que tout autre puissance, intéressée à avoir son flanc asiatique gardé par une puissance neutre, par un *Etat tampon* suivant la nouvelle formule diplomatique.

Mais pour qu'il en soit ainsi, il faut que cet Etat soit assez sous sa dépendance pour garder, à son profit, la liberté des détroits ; il faut également que ce gardien des détroits ait la force nécessaire au maintien de son indépendance, afin de jouer le principal rôle dans la confédération future qui devra-comprendre le Monténégro, la Bulgarie, la Serbie et la Roumanie.

Fatalement, voilà l'avenir réservé à ce qui fut la Turquie européenne. Voilà aussi le point de vue auquel devra se placer le futur Sultan pour diriger sa politique intérieure et extérieure.

L'Empire ottoman ne peut exister qu'à la condition absolue de jouer le rôle que nous indiquons, car il n'est plus en état d'entreprendre les grandes guerres dont il espérait toujours sortir vainqueur au détriment de son ennemie la Russie, et de sa vielle ennemie, par la force des choses : l'Autriche.

Si le gouvernement turc ne comprend pas ou ne veut pas comprendre la situation qui lui a été faite par le traité de Berlin et la politique monstrueuse d'Abd-ul-Hamid, il n'a qu'à se préparer à passer les détroits et à abandonner sa situation européenne à celui des petits États qui, aidé en dessous main par la Russie, aura l'audace de marcher sur Constantinople et de s'en emparer.

Croire qu'un tel fait amènerait une conflagration européenne serait peu connaître l'état d'âme des grandes puissances.

La question d'Orient n'est plus en effet à Constantinople, elle est beaucoup plus loin : dans l'Inde et en Chine.

Du moment où Constantinople ne tomberait pas officiellement entre les mains de la Russie, que la guerre se limiterait entre la Turquie et ses anciens vassaux, l'Europe se contenterait de prendre certaines garanties et de laisser faire.

Il faut donc que le nouveau Sultan, s'il veut sauver ce qui reste de l'Empire d'Osman, accorde à ses peuples la réalisation des promesses toujours faites... mais jamais tenues.

Il faut qu'il introduise l'ordre, l'économie et la sécurité dans le gouvernement des êtres et des choses.

Comme il est trop tard pour revenir sur les fautes passées, il faut accepter, bon gré malgré, la situation telle qu'elle se trouve ; marcher avec le progrès, et, tout en conservant les principes islamiques, introduire résolument ceux des gouvernements européens.

Il faut, en un mot comme en mille, que la Turquie réalise, à son profit, les exemples qui lui ont été fournis par le Japon.

Il faut que le nouveau gouvernement ottoman se *désenchaîne* des liens religieux qui le retiennent encore dans l'état où était l'Europe moyen-âgeuse, et, dégagé de ses liens, marche résolument dans la voie ouverte par le progrès moderne.

Sa religion, ouverte si largement au progrès; les bases réellement démocratiques de ses institutions et la tolérance qui en résulte, mettent l'Etat ottoman dans une situation autrement avantageuse que celle où était la France quand elle fit sa grande révolution.

Il n'est pas nécessaire de forger de nouvelles lois pour opérer la transformation du pays. Il est de ce côté très largement doté.

Mais à quoi servent les lois et même les constitutions quand elles restent lettre morte ?

Peu de pays peuvent se vanter d'être aussi démocratiques que l'Empire ottoman. Il l'est dans ses institutions, dans ses mœurs et dans ses principes religieux ; mais il semble qu'un voile sombre ait été étendu sur lui pour en faire le coin le moins connu, le plus mal jugé et le plus critiqué du monde entier.

La Turquie, surtout au temps de ses grands Sultans, a été largement ouverte aux esprits aventureux, aux persécutés et aux hommes de guerre occidentaux.

Quand les Juifs furent chassés d'Espagne, c'est en Turquie, c'est à Salonique, qu'ils trouvèrent l'asile et la liberté de vivre que leur refusaient les autres gouvernements.

Eh bien ! c'est vers cet esprit de tolérance et de liberté que la Turquie moderne doit retourner, en ouvrant largement ses institutions à tous ses sujets de quelque communion qu'ils soient.

Cet esprit de tolérance, d'égalité et de fraternité est, pour elle, une question de vie ou de mort.

Qu'elle vivifie ses lois par leur mise en pratique ; qu'elle assure à chacun la sécurité et la justice ; que les décisions des sultans Mahmoud, Abd-ul-Medjid, Abd-ul-Aziz et Mourad apparaissent au grand jour, reçoivent la sanction de la mise en activité, et les fameuses capitulations, qui constituent dans l'ordre économique, social et politique une série d'Etats dans l'État turc, cesseront d'être pour ce dernier une gêne de tous les instants. Elles disparaîtront d'elles-mêmes, par la force intrinsèque des événements.

Mais, si le futur gouvernement ottoman ne trouve pas dans son nouveau Sultan et dans ses hommes d'état l'énergie et la volonté nécessaires pour réagir énergiquement contre la décomposition qui la ronge jusqu'au plus profond de ses moëlles, la Turquie n'aura qu'à se préparer à la mort au profit de l'un des Etats destinés à former la Confédération européenne des Balkans et du Danube.

La Turquie, malgré la puissance de vitalité qu'elle possède encore, aura à tout jamais vécu !

L'ère des temporisations est passée ; et l'Europe, fatiguée de promesses jamais tenues, n'hésitera pas à abandonner la Turquie vaincue et à reconnaître le fait accompli.

C'est donc à elle de dire, une fois pour toutes, si elle veut vivre ou mourir !

Ces conclusions qui paraîtront très dures dans leur laconisme, ne modifient pas celles que nous avons données dans *la Turquie officielle.*

Comme au temps où nous écrivions ce livre, l'Autriche, poussée par l'Allemagne, dont la main se fait de plus en plus sentir dans le gouvernement Ottoman, surtout depuis les massacres arméniens, cherche encore à s'avancer vers la possession de Salonique en fomentant et en appuyant secrètement les troubles albanais. Mais elle a à compter avec une nouvelle venue dans les ambitions méditerranéennes ; elle a à compter avec l'Italie qui, par le mariage de son nouveau Roi avec une princesse monténégrine, a conclu un traité plus ou moins secret avec cette vaillante Principauté, dont les troupes entreraient en campagne le jour où l'Italie, soucieuse de prendre la revanche de sa défaite abyssinienne, se lancerait à la conquête de la Tripolitaine.

Et s'y lancerait, implicitement soutenue par le silence de la France, dont la politique étrangère consiste, depuis le néfaste ministère Freycinet, à faire le jeu de l'Angleterre, de l'Allemagne, de l'Autriche, de la Russie et de l'Italie.

Et que l'on ne croie pas que nous exagérions en nous exprimant de la sorte ! Bien fou qui ne voit pas tous les points noirs qui s'amoncellent à l'horizon, de plus en plus rétréci, de l'Empire ottoman ! Bien fou, celui qui ne comprendrait pas que c'est encore là, dans les ambitions vivaces des Etats balkaniques, tour à tour maîtrisés et stimulés par l'Autriche et la Russie, que se trouvent les germes de la redoutable conflagration européenne que seule peut retarder encore la Turquie régénérée, transformée, assez forte pour maintenir son indépendance, tout en s'appuyant sur son ancienne ennemie la Russie.

Le temps est passé où elle pouvait opposer aux ambitions russes et autrichiennes les ambitions anglaises et françaises.

Mais la Turquie comprendra-t-elle suffisamment le beau jeu que lui laisse encore la rivalité des grandes puissances, et saura-t-elle profiter de cet état de choses pour introduire chez elle les réformes qui, en la mettant à la tête de la Confédération balkanique, lui permettront, non seulement de ne pas mourir, mais de commencer à nouveau une existence de prospérité et de gloire, appuyée sur un peuple qui sait encore croire, vivre et mourir ?

Toute la question de l'avenir de la Turquie est là !

FIN

TABLE DES MATIÈRES

CHAPITRE IV

Les débuts d'un règne.

CHAPITRE V

Abd-ul-Hamid pendant et après la guerre Turco-Russe.

CHAPITRE VI

Abd-ul-Hamid et les hommes d'Etat du début de son règne.

CHAPITRE VII

Abd-ul Hamid prince, Souverain.....
et persécuteur monomane.

CHAPITRE VIII

Le Sultan Rouge et les femmes.

CHAPITRE IX

Le Palais d'Yildiz et ses mystères.

9**

ÉPILOGUE

La question d'Orient.

9***

OUVRAGES DU MÊME AUTEUR

De la goutte et du rhumatisme, édition anglaise et française, 1876, in-18, Berthier, éditeur.

La Science libre, grand in-4°, 1880. Epuisé.

De la rage et de son traitement, 1878. Epuisé.

Etat de la médecine en 1880, in-18. E. Berthier, éditeur.

La Turquie officielle, 4° édition, fort in-18 de 470 pages. P. V. Stock, éditeur, 1891-96, 3 fr. 50.

Jésus de Nazareth, au point de vue historique, scientifique et social. — Un vol. in-8°, avec une belle eauforte Nouvelle édition, 1891-1902. Flammarion, éditeur.

Jésus von Nazareth. Leipzig, 1894. Traduction du Dr Albrecht Just.

Les Bas-Fonds de Constantinople. — Un vol. in-18 de 400 pages. Paris, 1892. P. V. Stock, éditeur, 4° édition, 3 fr. 50.

Les Mystères de Constantinople. — Un fort vol. in-18, 1896. P. V. Stock, éditeur, 3 fr. 50.

Les Secrets d'Yildiz. — Un fort vol. in-18, 1896. P. V. Stock, éditeur, 3 fr. 50.

Ces deux derniers volumes, sous la forme d'un roman très mouvementé, complètent les études de l'auteur sur le monde turco-levantin.

El Ktab des lois secrètes de l'amour. — Un beau vol. grand in-8°. Paris, 1893-1902, 25° édition. Per Lamm, éditeur, 6 francs.

Le Maréchal de Saint-Arnaud en Crimée, journal de son médecin particulier, le Dr Cabrol. Avant-propos, mise en ordre et notes de Paul de Régla. Un beau vol. grand in-8°, avec 29 lettres inédites du maréchal à sa fille et un portrait du maréchal, d'après Raffet, Paris, 1895. P. V. Stock, éditeur, 7 fr. 50.

La Dosimétrie devant l'allopathie et l'homœopathie, grand in-8°, ouvrage couronné par la Société de médecine dosimétrique de Paris.

Unité de la voix, avec préface et conseils d'hygiène thérapeutique, 2me édition. Librairies-imprimeries réunies, 1894.

Pour paraître prochainement :

Au pays de l'espionnage : Les sultans Mourad V et Abd-ul-Hamid II. Traduit en turc et en arabe par M... Effendi.

En préparation :

Les derniers jours de la ville de Saint-Pierre.

La Turquie telle qu'elle est.

Le Mans, Imprimerie de l'Institut de Bibliographie de Paris. — VI-1902